U0918065

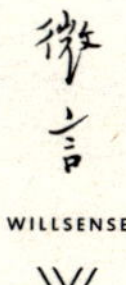
徵言
WILLSENSE

中央高校基本科研业务费专项资金资助（2021MS055）

华北电力大学本科教育教学改革专项经费资助（XM2112732）

# 摩登与弄潮

Modern and Trend

近代中国的文化与社会

Culture and Society in Modern China

蔡 浩——著

北京出版集团
北京出版社

# 推荐序

蔡洁的著作将要出版，嘱我作序。

因蔡洁主要从事中国近现代史的研究，学科相同，相识有年，我曾拜读过她的若干文论，也曾荣幸地参加过她博士学位论文的答辩。仅就我的一孔之见，大凡而言（不绝对），那些肯下苦笨功夫玩命学习者，每每聪明敏捷程度要差一点，俗语“勤能补拙”“笨鸟先飞”是谓也；而那些反应快速领悟能力超强者又往往恃其“聪敏”易得却在“勤”字上欠些功夫。蔡洁却能将两方面的优长集于一身，她给我的印象是既勤学苦练，自带压力，奋力读写；又动静结合，悟性极高，点拨即通。本著即是她几年来孜孜汲汲、不倦笔耕的收获；也清晰地印刻了她近年来所事研究一步一步的足迹踏痕。青年如她，即有论著出版，文分三编，还有附文，伴以插图，图文并茂，言简意赅，页数有限，分量不轻。难能可贵！可喜可贺！

据序者拙见，该著或可从以下角度理解作者的研究旨趣和作品的关怀卓见。

注重于典型场域的分析。历史研究讲求时空关系，时间与空间犹如历史演变的经纬，在经纬线交叉的坐标点位上便是历史发展的关节，也是后人深入了解历史本相的症结。该著择取限定空间（广西、上海、潮汕等地）的关键事情，既对重大史实进行“宏大叙事”的研判，更含有具体史实的补缀考订。研究方法则是从微观考察达至宏观结论，从具体的文化现象深入政治层面的哲理思索（或者倒过来从政局异动提升至政治文化层面的分析）。著作从民国初年广西政局的变革探讨辛亥革命与民初政治的重构；从省会之争言及党派内斗、中央政府与地方势力消长的因由所在；从儿童读物、儿童玩具等切入，生发民族复兴、启蒙教育、抗战动员、政党政治、资本操纵等大议论；从健美女性、“东亚病夫”等话语析出女性解放、中西交冲、强国保种、性别史学等论据论点。一面由政治入文化，再面由文化涉政治，将一时一地的政治文化集于一体讨论。论著开篇即以特定的具有深广研究价值的空间立论。说实话，民国年间的广西是很值得作为地域性研究范例的，不知为何，前此学者对该省份研究着墨较稀。与晚清时代的两湖类似，民国年间的广西凸显特色，丰富多彩，影响所被，不仅对本省，且径达于广东、湖南，及至全国，此时段广西对全国的影响力至今似也堪称空前绝后。

举例一二：令人有些不解的是，为什么以遥远西方基督教为指导思想的太平天国却偏偏发动于并不临海邻边、处在相对封闭境况下的桂东南山野的金田村？而此从世界范围讲是自西徂东（教理），从中国范围讲是由南向北（战争）的风暴曾经席卷了大半中国（在北方较难长久立足），遂成中国历史上旧式农民战争的巅峰。个中的地域反差耐人寻味。为什么经济文化并不发达的广西军阀能够屹立不倒称雄于整个民国年间？从岑毓英、岑春煊父子奠立桂系的基础，到陆荣廷的“旧桂系”，再到李宗仁、白崇禧的“新桂系”，势力所及达于全国，甚至民国即将终结时，列强中间对中国影响最大的美国试图换马“总统”蒋介石，而支持从广西一隅走来的“副总统”李宗仁，以“桂系”制衡势大力沉的“黄埔系”，更使“桂系”具有了举足轻重的“国际影响”。这在各省常“独立”、军阀总混战、政府如走马灯似的换人、有枪就是草头王、大小军头层出不穷的民国期间，广西的人和事确属罕见特殊。内中的因缘际会，作为当时、当地、当事人的李宗仁有所解释：“广西地邻边陲，对外族侵凌本有切肤之痛，又是洪杨革命的策源地，一般人民的民族思想极为浓厚，对专制、腐化统治所发生的反抗情绪，尤为炽烈。因此在这种时代背景中出生和成长的血性男子，极易受革命风气及抗暴精神的感召，而发为慷慨悲歌的言行。”[1] 这只是一方面的解释，也应该有

[1] 李宗仁：《李宗仁回忆录》（上），南宁：中国人民政治协商会议广西自治区委员会文史资料研究委员会编印，1980年，第4页。

其他方面的缘由。区域性研究于民国的环境尤为适宜，此时此间，割据军阀尾大不掉，地方主义盛行，“央地关系”紧张，末了经常是中央向地方妥协，该著所论的民国初年广西的省会之争便是若此结局：“自北京国务院支电、青电迭次禁止‘迁省’，此间（南宁）激愤，危险之状日益增加。该议员等不达‘迁省’之目的不止，任听解散。如另选举，誓不就职，十四府钱、粮税款均不解桂。”[1] 在地方政治、财税高压之下，中央政府万般无奈，只得同意广西省会从桂林迁移南宁。地方动辄抵制中央，是地方势力坐大的结果，也是民国年间的易见场景。但广西的“雄起”主要还是政治军事上的，而非经济文化方面。政治军事独逞其能，经济界、文化界多依附于政界与军界，在中国，不独是广西一省，也不独在民国年间。

注重于近代属性的研究。这又着眼于时段、时代等“时间”范畴，换言之，纳入与时俱进的历时性变革语境系统的研析。清末民国，出现了很多前所未见的文化新样态：报刊、传媒、电台、电影……旧样态也有了新内涵：小说、戏剧、童话、节庆、剧团……林林总总，目不暇接，从里到外都具有了新时代的属性。该著将这些都收入研究视野，使得内容十分丰富多元。诸如，“全国儿童教具玩具展览会”的举办；各种广告的花式招数；根据上海流浪儿童境况改编的

[1] 《广西迁省风潮》，《民立报》1912年6月3日，第7版。

电影《迷途的羔羊》的放映反响；欧风美雨吹拂下美育运动的兴起；《玲珑》杂志标示的女性应有的“体格标准”；“打倒林（黛玉）美人”呼声下中国传统病态美人观向现代健康美人观的转变；1913年上海南州女校校长周静娟案件引发的轩然大波；1932年《妇女生活》杂志对上海各女校校花选拔的调研；等等。多彩描述而万般归一的是“近代”的底色，是转型时代的“花样”。经典作家将近代的某个时段划分为“帝国主义”时代，这个时代的主要特征便是帝国主义无休止地发动战争，以及被侵略地区人民反帝反殖民、争取国家独立民族解放的不懈抗争，正义与非正义的战争在全世界竞相爆发，中国是主战场之一。论著尽量抵近那个时代，显明不过的是“儿童年”的史实挖掘与流变展现，1935年8月1日至1936年7月31日，南京国民政府在全国范围内兴起了一场以启蒙儿童和谋求儿童福利为主旨的“儿童年”运动。但因时局急剧逆转，日本全面侵华战争爆发的危险日益迫近，到头来，承平时期的“党化教育”某种程度上变成了临战状态的“国难教育”。“儿童年”画展，原先设定的主旨在初步的“公民训练”，但在大战爆发前夕，国防军事题材反倒夺人眼球，诸多儿童画作将“军事上的用件，例如飞机、战舰、机关枪、大刀等，当作无上的好题材”，体现了“我胜人败，我存仇亡”的画境，意在国难当头之际将这种“爱国的热情，加以培养，使其充分地发展”[1]。民国年代，内战与外战延绵不息，数日本侵华战争的规模惨烈最无人道，抗日战争统一战线的动员面最为伟力，对儿童幼小心理亦产生莫大影响。一方面，不分阶层年岁，全民动员，仇视日寇，抗敌御侮，奋不顾身，保家卫国；另一方面，残酷战争对社会、百姓、安危、逃难、物价、生计的波及，每每打压着每个人（包括妇孺）。定格特殊时代来架构故事、点击人物、展开情节、重点剖析是该著的特色之一。战争环境下的少年儿童具有早熟的特征，少了一些童真、童趣、童乐，多了一些民族主义的情结和挽救危亡的家国情怀，他们理所当然地对践踏家园残杀家人的外来侵略者无比痛恨，初生牛犊不怕虎的年龄反倒使他们具有更激切的爱国心和斗争性，时势出英雄，少儿郎献身战场、“花木兰”披挂上阵的故事层出不穷。话又说回来，国家安危民族存亡的重担对于他们柔弱的肩膀明显地太过沉重，他们本应享受岁月静好江河安澜，但在那样的年代，他们不得不负重前行。还应该指出，传统时代处于“男权”社会阶段，儿童妇女在文化生态圈，更毋庸说在政治、经济、军事生态圈，及至社会、家庭生态圈，总是处于边缘位置，儿童与妇女多系失语群体。近代以降，此面貌有了很大的改观，妇幼开始走向社会生态圈的中心（这在文艺圈子中表现尤为显明），她（他）们与其代言人的发声显著增强。诚然，这些“弱势”社

[1] 汪亚尘：《对于全国儿童绘画展览会的感想》，《中央日报》1935年6月6日，第3张，第1版。

群向“中心”的靠近，仅仅是“走向”，远非“走到”。

注重于女性研究者的视角。如果说，以上两方面“注重”的是研究对象的“客体”规定性，那么，此处提及的“注重”则是作者的“主观”出发点，那就是女性研究者的角度。作者尤为瞩目妇女史、儿童史的领域，著作中的大部分篇什用功于此。其“中编”为儿童篇，叙写由点生发，专注前人论述甚少的国民政府破天荒组织动员的“儿童年”问题，从头至尾解析全貌，条分缕析各段节目：媒介讨论——全国儿童玩具、教具、绘画展览会——仪式演练——全国儿童读物展览会——儿童读物编写论争，等等。追根究底，历史研究的主体、主题是人类，那么，性别史、身体史、疾病史、卫生史、饮食史、服饰史、消费史等当是最为本初“元”属性的研究。这些研究近年来相当热闹，既是新的发覆，又是回归本身，蔚为“新史学”的重要领域，看来，“近身”“贴身”是“新史学”研究的重要着眼点。作者以女性研究“本我”社群的优势，在“下编”与“附录”中（占了该著的最大篇幅）对民国年间的妇女史进行了极具创见的研究，笔触颇具女性特点——相当感性而细腻，分析却不缺“研究者”的品位——充满理性的思索。由“身体革命”讨论女性解放；由女性健美言及国族翻身；由女人气质（“元气”）递进强国保种；由“被凝视的他者”衍生女性自觉；由女性史研究演义性别书写；由个人之死探索民国年间性别秩序重构中的松紧张力；由“潮汕姿娘”审视地域历史文化生态；由电影题材考量时代女性的主体诉求；由国别的作品差异揭示中西女性文化的异同。凡此种种，无不体现出作者对典型时空中典型人群的研究取向（不仅仅流于单纯的叙事层面，而跃升为“从个别推演一般”“从个案演绎普遍”的旨向和能耐）。其中，尤值得称道的是对上海时髦女郎和知识女性的研究。上海，因为所处的地理位置——通江达海之地（鲁迅挚友上海内山书店经办人内山完造曾著书名曰《上海下海》形象而准确地表明了上海的这一地位[1]），伴随明清之际耶稣会士的东来，特别是清朝建立后中西商贸的日益发达，“洋人”“洋货”“洋气”日渐侵入，道光初年的某些地方，已是“民间喜寿庆吊，陈设繁华，室宇器用侈靡，佥曰洋气”。[2] 鸦片战争后，上海开埠，十余年间顿成中国最大的对外通商口岸，直接面对西潮的冲击，洋风因而愈炽，女性最易接受新潮，知识女性最为敏感，装扮又是最外在的象征，沪上的年轻女性势之必然又当仁不让地成了中国时髦装束的引领人，沪滨所谓时髦派的“口味”多样易变，却万变不离其宗——一味追求“洋派”，也就是“西洋化”或“欧美范”，此派“开山”于晚清，盛行于民国，嗣后流风失而复得，不绝如缕沿承袭用，至今依然。民国初年，上海滩十里洋场的“新女性”便是“所不可少的东西：尖头高底上等皮鞋一双，紫貂手筒一个，金刚钻

[1] 黄钧宰：《金壶七墨·浪墨》卷四“鬼劫”，《续修四库全书》1183“子部·杂家类”，上海：上海古籍出版社，影印本，2002年，第50页。

[2] 同上。

或宝石金扣针二三只，百绒绳或皮围巾一条，金丝边新式眼镜一副，弯形牙梳一只，丝巾一方”。[1] 此等人的穿戴配饰主要不是来自左近城乡，而是来自大洋彼岸的欧洲、美洲，她们活脱脱已具“世界公民”的形象。消费生活逐步打破了封建等级制的约束，冲决了旧式“闺阁”的传统“闺范”，而表现出个性化、大众化、流行化和西洋化、东洋化的特征，尤其是崇“洋”、习“洋”、追“洋”成为近代国人消费的重要调性。该著还体现出了深度与广度，对评述对象进行“立体式”的扫描，在“时兴”研究的同时，还注目“反摩登”的另面，此另面既往研究过目不多，却是另一种“新风景”。“反潮流”在社会变革大潮中，总能逆流而上，别具一格；在时尚圈，“复古”某时亦能“复兴”，发扬传统亦含吐故纳新。在当时几乎所有事体都与“保国、保种、保教”相联结的大语境之下，也有防范外来文化大肆侵入祖国“母体”的意义在，或能风云际会进而演化出“新风潮”。书中此类人与物的描摹生动逼真。作者的语言具有文学性，描述具有“文艺范”，图片具有实在性，故事具有趣味性，读来引人入胜。读者可以自品咂味。

郭卫东写于壬寅年初春的北京大学

（北京大学历史学系教授、博士生导师）

[1] 《西装叹》，《申报》1912年4月22日。

# 目　录

## 上编 | 辛亥革命与民初政治的重建

——“迁省之争”与民元广西政局

## 中编 | 儿童与近代中国的“历史伟力”

——政治文化视野下的“儿童年”

## 下编 | 女性解放与“身体革命”

——健美女性、大众文化与国族主义

## 附录 | 读史札记的“女性文化地图”

上编

# 辛亥革命与民初政治的重建

——“迁省之争”与民元广西政局

清末时期，广西军政各界开始围绕省会定址问题展开论争，即“迁省之争”。究其缘由，一是中法战争以后，位于桂北的省会桂林在军事战略地位方面逐渐让位于中越交界的南宁，“迁省南宁”成了广西地方官员应对边疆危机的重要策略；二是随着西方资本主义经济在广西的渗透以及“南宁关”的设立，以南宁为核心的白话区渐而取代了以桂林为代表的桂柳话区，成为广西的经济中心，为革命势力的孕育提供了土壤，“迁省南宁”成为广西革命党人发展革命势力的重要途径。

进入民国元年，“迁省南宁”再次掀起波澜，则是源于辛亥鼎革之际，广西内部势力即旧官僚、立宪派以及革命党人之间的分化与重组。一方面，立宪派对革命党人的牵制和制约，使得“迁省南宁”显得更为迫切；另一方面，革命党人与都督陆荣廷的合作，为重提“迁省南宁”提供了有利的契机。以革命党人为主的“迁省派”倡导将省会从桂林迁至南宁，以立宪派为主的“反对派”坚持仍以桂林为省会。双方分别在南宁和桂林成立“广西临时省议会”，展开了长达8个月的电报战，最终在陆荣廷的支持和袁世凯的默认下，“迁省派”取得了胜利，南宁取代桂林，成为广西新的省会。

“迁省之争”是一场由广西革命党人主导，力图摆脱立宪派在军政各界的掣肘，进而在新立共和政府中获取政治话语权的运动。立宪派对“迁省南宁”予以强烈抵制，则是为了防止丧失在桂林的既有利益。“省会争夺战”彰显了双方相互较量和渐次消长的态势。值得注意的是，诸多报刊媒体围绕迁省问题展开了多元的论说。革命党稳健派与激进派之间的分歧以及共和党内部的分流，反映了民国初年广西党争的复杂性。

“迁省南宁”的达成实为广西革命党人与地方军阀陆荣廷结合的产物。尽管政治利益的一致性促使两者在迁省一事上达成了共识，但双方在“迁省之争”中也呈现出相互牵制之势。在风潮初兴之际，初任都督的陆荣廷将巩固军政权势视为首要考虑的问题，一度搁置了“助力迁省南宁”协议，但最终因迫于革命党人的政治压力而转向公开支持迁省，成为革命党人取胜的关键转折点。

袁世凯对“迁省派”的态度从反对转向支持，源于对平息广西政局、稳固西南边防以及陆荣廷军政实力的综合权衡。然而，袁世凯在迁省一事上与广西革命党人和陆荣廷所建立起来的合作基础并不稳固，先后在“二次革命”和“护国战争”中逐渐流失，呈现出弱势独裁的特征。与之相反，以陆荣廷为代表的旧桂系自“迁省之争”开启了“武人干政”模式，随后被李宗仁等新桂系继承，奠定了民国时期地方军阀与中央政府的关系。

“迁省之争”反映了“政治联盟”与“妥协”的内在逻辑在博弈中的重要性。一方面，共同的政治利益，促使袁世凯、陆荣廷与“迁省派”建立了“政治联盟”，成为“迁省南宁”达成的保障；另一方面，陆荣廷的“调停方案”在一定程度上起到了平衡各方政治利益的作用，促使“迁省之争”在各方的“大妥协”下顺利落幕，避免了军事冲突的发生。此外，“迁省南宁”的胜利还有着更为深远的意义，即随着桂系在广西的崛起和壮大，推动了广西在近代中国地位的上升。

## 第一节

# 风潮再起：南宁与桂林的省会争夺战

自宋代始，桂林一直作为广西的政治中心。然而，近代以来，广西先后发生了四次关于省会定址问题的纷争，即“迁省之争”。清末新政时期，省内开始出现“将省会从桂林迁至南宁”的倡议。尽管该提议一度因旅京桂籍官员的阻挠而搁置，但至民国元年，迁省问题再次被提上议程，促使南宁首次取代桂林，成为新的广西省会。至1936年底，李宗仁等新桂系重新将省会迁回桂林。新中国成立后，最终决定以南宁为省会，建立广西壮族自治区。

### 一、“迁省之争”兴起之缘由

广西“迁省之争”在清末时期的兴起，源于中法战争以后西南边疆地区中外关系和经济贸易发展的新形势。首先，中法战争前后，处于桂南的南宁成为两国战争与交涉的前线阵地，在军事战略地位方面逐渐取代了位于桂北的省会桂林。因此，广西部分官员将“迁省南宁”视为应对边疆危机，巩固西南边防的重要策略之一。1902年，时任广西巡抚的王之春以南宁“与法人较近，办理交涉诸多便利”为由，开始提议将省会迁至南宁，但并未在省内得到积极的响应[1]。随着法国的势力在中越交界进一步渗入，“东窥广东，西腋云南，中叩镇南关”，1906年，时任两广总督的岑春煊、广西巡抚林绍年正式向清政府奏请“迁省南宁”，认为“若以南宁为省会，则当聚全省之力以治边，改革绸缪，其势必顺而较易者”，而桂林“僻处东北者，利害悬绝”，难堪省会之重任。然而，来自桂林的工部左侍郎唐景崇联合在京的桂林籍官员向清政府建言，“弃桂林，就南宁”将导致全省人心动摇，政局不稳，致使迁省的倡议再次被搁置[2]。

其次，随着北海、龙州、梧州、南宁四大口岸的陆续开放，西方资本主义经济在广西的渗透呈现出由南向北、由东向西的趋势，尤其是南宁凭借着境内邕江水深且与左、右江交汇的优势，对外航运业最为发达[3]。与之相反，桂林因传统

[1] 《改设省会述闻》,《申报》1902年10月11日，第3版。

[2] 《石待史疏争广西迁省》,《申报》1906年8月1日，第3版。

[3] 钟文典主编:《广西通史》(第二卷)，南宁：广西人民出版社，1999年，第338—381、468—475页。

农耕经济的瓦解和资本主义经济的发展相对滞后，在整体上不及前者。

至辛亥鼎革前夕，南宁已取代桂林成为广西的经济中心，这为传播革命思想、孕育反清力量提供了新土壤[1]。为了顺应革命形势的发展，1909年，广西咨议局秘书长蒋敦世联合蒙经、卢汝翼、黄宏宪等秘密加入同盟会的议员，向咨议局递交了“迁省南宁”的议案。然而，立宪派为了保持在桂林既有的政治利益，极力抵制迁移省会。时任广西巡抚的张鸣岐为稳定政局，遂联合清政府力阻迁移省会，这使得“迁省南宁”再次流产[2]。

进入民国元年，广西革命党人又将“迁省南宁”提上议程。这主要得益于辛亥鼎革之际，广西内部旧官僚、立宪派与革命党人三方势力的分化与重组。一方面，尽管广西革命党人与立宪派先后在清末立宪运动以及辛亥广西独立运动中，一度呈现出合作的姿态，但光复后，后者在桂林仍占据着绝对的优势，对前者的势力扩张形成牵制之势，这使得迁移省会显得更为迫切[3]。另一方面，在广西光复前后，革命党

[1] 张声震主编：《壮族通史》(下)，北京：民族出版社，1997年，第814—818页。

[2] 黄绍竑：《辛亥革命前后的广西局势和广西北伐军》，中国人民政治协商会议文史资料研究会编：《辛亥革命回忆录》(二)，北京：文史资料出版社，1981年，第479—480页。

[3] 《广西独立沈秉堃通电》，中国人民政治协商会议广西僮族自治区委员会、文史资料研究委员会编：《辛亥革命在广西》(下)，南宁：广西僮族自治区人民出版社，1962年，第102页。

人与驻扎在南宁的提督陆荣廷达成了合作的共识，先后将都督沈秉堃、副都督王芝祥排挤出广西的权力系统，促使陆荣廷成为掌握广西最高军政权力的都督，这为“迁省南宁”提供了现实可能性[1]。

## 二、两个“临时省议会”的对峙

1912年2月25日，都督陆荣廷召集各府临时议员于4月1日赴省会桂林组建“广西临时省议会”[2]，随后便以外出剿匪为名离开了桂林[3]。在此期间，广西革命党人筹备将“迁省南宁”的议案呈交“广西临时省议会”讨论。然而，桂林军绅各界的立宪派为防止该议案获得通过，联合掀起了驱逐“迁省派”的风潮。2月27日，省巡防军统领秦步衢以议员徐新伟危害桂林治安为名，强行将其拘捕。与此同时，桂林士绅动员民众前往军政府，扬言将铨叙局局长蒙经等倡言“迁省南宁”的行政人员逐出桂林[4]。

然而，“驱逐风潮”却为广西革命党人将“临时省议会”迁至南宁提供了借口。“迁省派”认为，若要保证“迁省南宁”

[1] 马君武:《马君武自述》，合肥：安徽文艺出版社，2013年，第28页。

[2] 《广西省会成立难》,《民立报》1912年4月9日，第7版。

[3] 《桂林陆都督电》,《申报》1912年4月7日，第2版。

[4] 《广西政界之怪现状》,《申报》1912年4月3日，第7版。

的议案获得通过，唯有先将“临时省议会”迁往南宁。因此，蒙经等人一方面大力宣传“纷乱之桂林，非省议会和省会适宜之地”，说服各府临时议员为人身安全起见，转道南宁成立“临时省议会”[1]，另一方面论述了“迁省南宁”的必要性和可行性：

> ……因大局未定，不得不择政治上措施敏捷之地以控制一切。桂林僻处边隅，内治外交诸多窒碍，一旦地方有事，必鞭长莫及，坐视糜烂。浔、梧蛮前乱是其明证，此应迁省者一；财政虽属困难，而建设之初，因陋就简，所费无多，此可迁省者二；都督出巡，实由桂林措施不敏之故，都督既出巡，业脞益甚。广西自改革来，政治之进化迟滞，其弊悉由于此。迁省于邕，都督常与政治上之责任有归，进行必速，其应迁省者三。具此三种理由，迁省之事，更觉急不容缓……[2]

“迁省派”的理由有四：一是在地理上，桂林僻处边隅，若动乱发生，“必鞭长莫及，坐等糜烂”；二是在财政上，迁移省署可因陋就简，不碍广西财政困难之实；三是在政治上，“迁省南宁”将改变广西改革迟滞的困境。在广西15府中，

[1] 《广西迁省片片》，《顺天时报》1912年4月12日，第4版。

[2] 《关于粤西迁省之要电》，《神州日报》1912年4月6日，第4版。

该倡议得到了浔州、梧州、柳州等14府共78名临时议员的积极响应。4月9日，抵达南宁的临时议员宣布“广西临时省议会”在南宁正式成立，并声称该会完全符合《广西临时约法》中关于“议员超半数”和“自由集合”等相关规定，是广西唯一合法的立法机关。随后，该会致电袁世凯、黎元洪、孙中山、黄兴、陆荣廷、各都都督/督抚、参议院、临时议会/咨议院以及各报馆，以争取各方的承认：

> 袁大总统、黎副总统、参议院、都督、督抚、临时议会、咨议局、各报馆、陆都督、军政府钧鉴：
>
> 查广西议院，以咨议局改设，旋经解散。兹各府县议员遵广西第一案《临时约法》四十七条“自行集合”，四月九号在南宁府集合，成立广西临时议会。所有电文迳寄，本会谨此报告。
>
> 广西临时省议会四月十号叩[1]

随后，该会公布了78名临时议员的名单，以“超过全体议员五分之四”的比例，力证其代表了广西大部分民众的意见和利益[2]，并选举了林绎为正议长，雷恺泽、杨煊为副议长，开始筹议迁省事宜[3]。

---

[1] 《南宁报告广西议会成立电》，《神州日报》1912年4月22日，第2版。

[2] 《在南宁之广西省议会通电》，《时事新报》1912年4月26日，第2张，第1版。

[3] 《南宁报告选举情形电》，《神州日报》1912年5月4日，第2版。

为了维持桂林作为省议会和省会地点的地位，4月19日，桂林全体临时议员以及平远、庆远、柳州少数反对迁省的临时议员，在桂林重设“临时省议会”，与南宁形成对峙之势[1]，并致电袁世凯政府和都督陆荣廷，从三个方面阐述了广西的“临时省议会”和省会皆应设于桂林无疑：

一是依据《广西临时约法》第四十七条的规定，否定了南宁的“临时省议会”及迁省议案的合法性。“迁省派”认为，该约法规定，“议会于每年法定时期自行集合”是指“议会既成立之后，每年届法定时期议会自行集合，非随时随地可以自行集合之谓”，可见在南宁成立“临时省议会”并不符合法定程序，况且“迁省要政，不议决于议会，而议决于非法定机关之集议所，尤属不合法”。二是以广西存在收支不敷、外援断流、商业恐慌等诸多困境为由，以期消解“迁省南宁”的合理性和可行性。“迁省派”指出，“吾省收支向属不敷，所恃以为弥补者惟受协及部拨各款”，光复以后，中央和邻省援助之款“均归无著”，加之省内“匪风不靖”，田赋、统税、盐税、杂款等均受影响，特别是受近日迁省风潮的影响，“各商停办货物，异常恐慌，商务损失已属不少”，故此际确将省会迁至南宁，则“公家债权必归泡影”[2]。三是揭露南宁的“临时省议会”所公布临时议员人数存在捏造的嫌疑。桂林等府临时议员声称接到一则电报，内称前往南宁集合的临

[1] 《桂林之临时省议会》，《民立报》1912年4月21日，第3版。

[2] 《广西临时省议会通电》，《时事新报》1912年4月18日，第2张，第1版。

时议员仅有38名，而非其此前所公布的78名，远不及全省百余名临时议员之半数，难以代表广西大多数人民的意志[1]。

## 三、袁世凯政府干预受挫

面对广西两个“临时省议会”并立对峙的局面，中央政府试图干涉，以平息风潮。袁世凯率先发表电文，要求广西军政府对南宁的“临时省议会”及迁省议案严加调查：

> 复经通令，凡省议会现未成立之省份，以原设咨议局改称临时议会在案。此次南宁组织之省议会，

[1] 《议会之大捣乱》，《顺天时报》1912年5月28日，第4版。桂林质疑在南宁的临时议员并非78人，是根据一则5月2日由南宁的临时省议会发出的电文，内称南宁仅有41名临时议员。对此，南宁的临时省议会回应称，该电文实为有人冒名而为，不予以承认，参见《林绎等致袁世凯孙中山等通电》（黄彦等编著：《孙中山藏档选编》，北京：中华书局，1986年，第551页）。但桂林的临时省议会坚持该电文为电报局所送，并称桂林府长、商会、自治会、报馆也曾收到相同的电文，参见《桂林临时省议会电》（《申报》1912年5月21日，第2版）。据笔者考证，5月2日，南宁的临时省议会曾于《申报》《民立报》发过一则电文，但落款是78名临时议员，参见《广西南宁议会电》（《申报》1912年5月10日，第1版）以及《广西电报·迁省南宁之争执》（《民立报》1912年5月10日，第5版）。陆荣廷致电中央政府时，也称聚集在南宁的临时议员达78名，参见《广西迁省问题之纷扰》（《申报》1912年5月11日，第2张，第6版）。另外，从桂林的临时省议会后来所发布的电文看，拒绝前往南宁的临时议员确为少数，参见《桂林省议会告移并南宁电》（《申报》1912年9月10日，第2版）。可见，桂林所持的“5月2日电文”应属伪造，在南宁集合的临时议员则确为78名。

> 究竟根据各种方法而成？倘系少数人自由集合，断不准冒省议会之称。若系照章成立之会，则都督原驻桂林，该会又何以迁至南宁？希即详细查明，仍按照迭次通令办理，并望电复等因。[1]

继之，4月26日，国务院发表电文，声明仅承认桂林的"临时省议会"为广西唯一合法的立法机关，认为南宁的"临时省议会"以及迁省议案皆不符合法定程序，勒令在南宁的各府临时议员迅速赴桂林集合：

> 迁省问题固应从本省人民多数之同意，但未经援照法定手续公布施行以前，断无自由移治之理……果有迁移之必要，应由将来正式省议会议决，呈请中央政府公布施行……此时临时省议会仍应于桂林集合，若不赴召集，即行解散，毋庸迁就。[2]

充满戏剧性的是，国务院随后因频繁更替电文威信尽丧。4月29日，国务院发布电文，对上述的处置方案进行纠正，称4月26日电"系误发，请即注销"。然而，4月30日，国务院又重新承认了该电文的有效性，声明4月26日电"既经

[1] 《广西都督府电》，《申报》1912年4月23日，第1、2版。

[2] 《林绎致袁世凯孙中山等通电》，黄彦等编著：《孙中山藏档选编》，第546—547页。

通布，请勿注销”[1]。一时间舆论哗然，南宁等府临时议员尤为愤怒，认为“今之劣院既误发违法宥电（注：26日电），艳电（注：29日电）经请注销，卅电（注：30日电）又谓既经通布即毋庸注销，是宥电违法，艳电亦违法，卅电更违法”[2]，国务院对于广西的重大事务竟如此任意而为，实为视桂省为无物[3]。

为避免政令分歧，5月4日，国务院重新向广西发布了一则电报，明确表达了反对迁移“临时省议会”、省会的立场，并命令陆荣廷立即强行解散南宁的“临时省议会”，对于拒绝前往桂林集合者“自可置诸不理”：

> 迁省会不仅关系一省之利害，于解释军事、商业、交通政策均有至大之关系……如果该省多数人民均欲迁省，必须先在该省省城开正式议会，提案决议后呈请中央议会、政府批准，俟核准后始能实行……今广西省议会议员并未先在该省省会桂林聚齐开会，又未提出迁省议案，更未商诸中央议会、政府，而纷纷往南宁欲实行迁居，实属不符本院宥

[1] 《林绎等致袁世凯孙中山等通电》，黄彦等编著：《孙中山藏档选编》，第547—548页。

[2] 同上，第559页。

[3] 《广西电报·迁省南宁之争执》，《民立报》1912年5月10日，第5版。

电（注：4月26日电）所详办法。[1]

然而，国务院的干预并未能消弭广西政界的纷争，反而使得“迁省派”的抵制愈加激烈。一方面，南宁的“临时省议会”指责中央政府以强权压制广西绝大多数国民意志的做法，是“摧残议会，破坏共和”之确证，声称“民国成立未久，国务院竟有此专横”，请求“参议院将国务院违法、专横各节，提出弹劾”；另一方面，其坚持南宁的“临时省议会”有权决议包括迁省在内的全部事宜，且已通过“迁省南宁案”，并咨请军政府公布施行，一切皆符合法定程序，国务院绝无解散之理由，坚决拒绝前往桂林集合[2]。

## 四、陆荣廷的调停与“迁省南宁”的告成

正当中央政府干涉迁省的政令在广西形同一纸空文之际，一直持观望态度的都督陆荣廷提出了一份“调停方案”，使得迁省纷争的方向发生了决定性的转变。5月17日，陆荣廷向中央政府、各省都督等发表公电，阐明了提出此方案的缘由以及具体措施：

[1] 《林铎等致袁世凯孙中山等通电》，黄彦等编著：《孙中山藏档选编》，第558页。

[2] 同上，第559页。

自北京国务院支电、青电迭次禁止“迁省”，此间（南宁）激愤，危险之状日益增加。该议员等不达“迁省”之目的不止，任听解散。如另选举，誓不就职，十四府钱、粮税款均不解桂。似此激烈，荣廷实无可如何，再三思维，只有调停两方面：一法以南宁为行省，都督驻之，省议会及铨叙局、法制局均设立该府城；至桂林，则六司司长驻之。似此通融办理，庶可平息风潮。请桂林各议员迅速赴邕（即南宁），会同议决，由廷电恳中央政府照准。[1]

陆荣廷的建议是，以南宁为省会，设置省议会、都督府等机构，以桂林为军政府六司的驻扎地。此“调停方案”递至中央后，袁世凯迅速组织国务院进行会商[2]，并于6月1日将该方案转交参议院讨论[3]。6月10日，参议院决议将“广西临时省议会”迁至南宁，并令其自行讨论迁省事宜[4]。6月18日，国务院致电陆荣廷，宣布广西都督和“广西临时省议会”设于南宁，六司留设桂林，至于省会定址问题，则待“广西临时省议会”在南宁正式成立后，由全体临时议员进行讨论

[1] 《广西迁省风潮》，《民立报》1912年6月3日，第7版。

[2] 许恪儒整理：《许宝蘅日记》（二），北京：中华书局，2010年，第408页。

[3] 《复副总统黎元洪电》，骆宝善、刘路生主编：《袁世凯全集》（第23卷），开封：河南大学出版社，2013年，第76页。

[4] 《参议院初十、十一两日议事状况》，《申报》1912年6月17日，第2版。

和决议：

> 奉大总统发下参议院文，称广西都督来电，拟请以南宁为都督驻扎之地，议会等随同建设，政府亦以为然。本院对于此种办法亦以为尚属可行，即予同意。惟都督既驻南宁，六司又远在桂林，行政机关分立，究非长策。拟俟该省临时议会正式成立后，关于“迁省”事宜赶速提出议案，详加讨论，再行确定。[1]

事实上，尽管国务院未直接确认以南宁为省会，但由于南宁的“临时省议会”早在5月2日通过了“迁省南宁”案[2]，因此，国务院肯定南宁所设“临时省议会”的合法性，实与默认“迁省南宁”无异。

陆荣廷得到中央政府的默许后，迅速在南宁重建广西的立法、军政机关。其一，陆荣廷召集桂林等府的临时议员赴南宁集合。6月20日、24日，陆荣廷先后电召桂林等府的临时议员于8月15日前到达南宁，并派遣四名代表北上桂林，以表诚邀之意[3]。然而，留桂临时议员认为陆荣廷的召集令形

[1] 《广西迁省问题》，《民立报》1912年7月6日，第7版。

[2] 《林绎等致袁世凯孙中山等通电》，黄彦等编著：《孙中山藏档选编》，第559页。

[3] 《省议会不认南宁为省会电》，《神州日报》1912年7月5日，第2版；《广西迁省风潮》，《民立报》1912年7月15日，第7版；《桂林迁省解决·消除意见》，《民权报》

同将“国务院之命令、参议院之议案，全然抹杀”，坚决不承认此“非法之布告”[1]，但迫于再三请求中央政府取消决议无效，不得不定于8月28日前往南宁，以期尽力阻止迁省案的通过[2]。南下前夕，桂林议员王乃昌发表了一封“告父老兄弟书”，“愤愤不平之心”溢于言表：

> 桂林父老兄弟鉴：
>
> 广西迁省，今非其时，凡具知识皆能洞察。前国务院支、宥电本极公明，无奈都督徇私，明为调和之词，暗是大铸新篇。中央政府鞭长莫及，不得不曲予优容。都督甘冒不韪，遂成定案。公理叵置不言，争亦复何益。强权者胜，遑知共和。昌已再三辞职，各界谆劝，要求南下，业图挽救于万一。昌为地方人民代表，应尽忠于地方，洁身非难，救民为亟，迫得勉从众意，于日内赴邕，匆促成行，未及走别。但昌能力薄弱，恐无补于时艰，尚祈时锡教言，以匡不逮，乃昌幸甚，地方幸甚。[3]

事实上，陆荣廷上述的召集行动仅是在形式上履行了国

---

1912年7月14日，第6版。

[1] 《省议会不认南宁为省会电》，《神州日报》1912年7月5日，第2版。

[2] 《中国大事记·八月二十八日》，《东方杂志》第9卷第4期，1912年10月。

[3] 《迁省风潮余波》，《民立报》1912年9月11日，第7版。

务院所规定的基本程序，因“迁省南宁”的决议早已成定局。8月30日，陆荣廷尚未待南下的临时议员集合完毕，便自行宣布以南宁为省会，取消桂林军政府，改建都督府，设置“广西临时省议会”[1]。

其二，陆荣廷以“商议议案”之名义，电邀军政府六司司长暂至南宁集合。6月29日，陆荣廷致电广西军政府，声明“迁省问题业经宣布，在邕成立议会，现当成立之始，议案繁多，各司仅派代表恐难周妥，应即可暂时亲临，宣布政见，与议会接洽”，并保证“俟闭会时再照前议，分别驻邕驻桂”[2]，但遭到了桂林绅商学界的强烈反对。7月11日，桂林商务总会召开特别大会。“广东、江西、湖南、湖北、福建等七省商帮代表到者六百余人……皆力持反抗迁省之议，有主张用旅桂各商帮名义电求中央者，有主张不用延期纸币，均向官银行兑现洋者，有主张要挟都督者，有主张罢市者，纷呶良久”，最终商定派遣代表前往军政府，以兑换延期纸币的要求向财政司司长施加压力，以阻止各司长前赴南宁[3]。陆荣廷不得不同意以财政司司长作为六司代表南下接洽[4]。然而，策动六司南迁已在酝酿之中。至10月17日，“临时省议会”在南宁召开全体会议，最终通过了“六司迁邕案”及其

[1] 《桂林省会已前往南宁》，《民主报》1912年9月1日，第6版。

[2] 《广西迁省问题之波折》，《亚细亚日报》1912年6月2日，第3版。

[3] 《商界反抗迁省大会》，《大公报》1912年8月5日，第5版。

[4] 《广西政界新谈》，《申报》1913年8月17日，第6版。

条件：

一、民政司主管范围为内务行政诸部分，宜从速移近都督府，以便策划进行，应于一月内迁邕；

二、司法司直隶中央，其区划不同，驻邕驻桂应听从中央命令；

三、教育司应桂林直接管辖之学校颇多，应俟缓迁；

四、财政司筹划维持桂林公款需时日，应定一年内迁邕；

五、军政司暂驻桂林，维持现状；

六、关于迁移、建设、修改等费，由南宁自治会筹备银十万元以备用，不得另支公款。[1]

除了直属中央的司法司留桂，以及军政司、教育司缓迁外，民政司和财政司则须在限定的时间内完成迁移南宁事宜。至此，经历了8个月的迁省风波后，南宁最终取代了桂林，成为新的广西省会。

[1] 《广西迁省之布置》，《时事新报》1912年10月27日，第1张，第2版。

## 第二节

# “迁省之争”与广西内部党派势力的消长

辛亥鼎革之际，广西在同盟会、立宪派的相互妥协下实现了和平光复，建立了临时政府，并颁布了《广西临时约法》作为施政纲领[1]。进入民国元年，军界、政界中的各派势力将面临新的权力变动与政治整合。其中，“迁省南宁”便是一场由广西革命党人主导，力图摆脱立宪派在军政各界的掣肘，进而争取政治话语权的运动。

### 一、广西革命党人与立宪派的话语权竞逐

清末时期，广西地方官员以办理新政为名，招募了大批

[1] 《广西军政府公布的临时约法和官制大纲》，中国人民政治协商会议广西僮族自治区委员会、文史资料研究委员会编：《辛亥革命在广西》（下），第104—109页。

留日的桂籍知识精英以及非桂籍的军事人才，其中多为同盟会会员，如蒙经、卢汝翼等人，主要分布在桂林和南宁的军、政、学各界[1]。至辛亥鼎革前夜，同盟会、立宪派分别在南宁和桂林占据着优势地位。其中，在省会桂林，立宪派成为同盟会扩张势力的主要障碍。一是在军事方面，立宪派为防范同盟会掌握新军领导权，将新军分散在桂林、南宁和龙州三地，且将南宁和龙州两地的新军交由广西提督陆荣廷掌控，减少编练数量，延长新军的培训期，缩减新军的枪支炮弹等装备，严密监督各军动态，与此同时，加强旧军巡防营的建设。广西旧军共有38队，其中有10队驻扎在桂林，而全省新军仅有2000余人[2]，且在光复后纷纷北上援鄂，这使得同盟会在桂林更为孤立无援[3]。二是在政治方面，立宪派在咨议局中占据了多数席位，在各项议案的讨论中控制了话语权。咨议局共有57名议员，其中加入同盟会者仅有黄宏宪、朱景辉、蒙经和卢汝翼4人，此外还有秘书长蒋敦世、秘书封濯吾等职员，其他均为立宪派[4]。

[1] 李任仁:《同盟会在桂林、平乐的活动和广西宣布独立的回忆》，中国人民政治协商会议文史资料研究会编:《辛亥革命回忆录》(二)，第448页。

[2] 卢仲维:《广西辛亥光复与咨议局的激进特征》，《近代史研究》1988年第2期，第23—38页。

[3] 耿毅:《辛亥广西援鄂回忆录》，存萃学社编:《辛亥革命资料汇辑》(三)，香港:大东图书公司，1980年，第126—140页。

[4] 卢仲维:《广西咨议局派系考》，《广西师范大学学报》1986年第1期，第76—81页。

与桂林相比，南宁则是广西革命势力的重要活动区域。一方面，同盟会与驻扎在南宁的提督陆荣廷联系甚密，在南宁光复前夕，陆荣廷曾向同盟会承诺，将助其获取军政府要职、组织革命青年参加北伐学生军、设置交通部以联络和收编参加革命的民军等[1]；另一方面，与之合作的会党王和顺、杨子华、黎秀廷、梁兰泉、梁植堂等也多集中在南宁及附近的龙州等地[2]。革命党人唯有策动“迁省南宁”，才能在未来的广西正式政府中赢得主动权。

在民元省会定址的争夺战中，广西革命党人与立宪派分别经历了由败转胜和由胜转败的势力更替，彰显了双方相互较量与渐次消长的态势。

首先，在陆荣廷提出调停方案之前，“法理”是决定同盟会与立宪派在迁省上胜负的筹码。尽管“迁省派”在南宁抢占了成立“临时省议会”的先机，但立宪派以《广西临时约法》为依据，证明桂林的“临时省议会”才是广西合法的立法机关，得到了袁世凯和参议院的大力支持。这使得革命党人主导下的“临时省议会”一度被中央政府斥为破坏共和的违法组织，险遭强行解散[3]。

[1] 雷沛鸿：《同盟会在南宁的活动和广西独立前后》，中国人民政治协商会议文史资料研究会编：《辛亥革命回忆录》（七），北京：文史资料出版社，1982年，第475页。

[2] 耿毅：《辛亥革命时期的广西》，中国社会科学院近代史所第三所编：《近代史资料》（总第21号），北京：科学出版社，1958年，第106页。

[3] 《林绎等致袁世凯孙中山等通电》，黄彦等编著：《孙中山藏档选编》，第546—547页。

其次，陆荣廷5月17日提出“省会、省议会设于南宁，六司驻桂”的调停方案，成为革命党人转败为胜的关键转折点。与此同时，革命党人利用中央政府重新商议迁省议案之机采取了多项措施，力争胜利的天平向其倾斜。在省内方面，一是号召梧州、浔州等府发表电文，宣传“迁省南宁”乃全省民心所向。如百色府强调，“广西迁省南宁，万众一心，（与）内政外交关系甚大，全体赞成，乞即俯准，以慰舆情，为维大局”；浔州府也主张，“此次迁省邕郡，乃十四府人民之意见，不约而同”；上思府声明，“迁省问题，敝属官神士民共表同情，当兹百务待举，省会地点若不早定，则办事诸多扞格”[1]。二是以拒绝承担国家的国债、兵役、纳税等义务威胁中央政府。如其声称“国务院既否认我邕（即南宁）省议会议案（即“迁省案”），即违反我十四府人民公意……事关我十四府属利害安危，迁省一日不决，即大局一日不定……速即立电迁邕，以顺舆情而定大局”[2]。三是动员龙州府长等地方官员致电中央政府，扬言不承认桂林的军政府，将由南宁的临时省议会重建广西军政府[3]。在省外方面，一是派遣代表赴鄂运动黎元洪，请其上书并说服袁世凯同意

[1] 《广西迁省问题》,《顺天时报》1912年6月18日，第4版。

[2] 《南宁广西迁省筹办处致袁世凯孙中山等通电》，黄彦等编著:《孙中山藏档选编》，第557页。

[3] 《龙州参议事会等致袁世凯孙中山等通电》，黄彦等编著:《孙中山藏档选编》，第559—560页。

迁省[1]。黎元洪在致袁世凯的函札中，从历史与现实的角度表达了支持“迁省南宁”的立场，认为“盘庚迁殷，周公营洛，因时制宜，古有明训。现值开放时代，南宁地点始终，盘江环绕，水道四达，更拟建筑滇邕铁路，东与粤接，迁本为宜”，主张“请由中央派员前往，统筹桂省全局。如确系多数赞成，费款不巨，一劳永逸，便可从速解决”[2]。6月17日，黎元洪再次致电袁世凯，认为“该省政治以迁省为惟一之前提，省不能迁，庶政俱不可办”[3]。在多方的压力下，袁世凯令参议院重新讨论迁省事宜[4]。二是联络参议院中的广西同盟会会员曾彦、刘崛，在参议院重议迁省案时极力争取，获得了多数参议员的支持[5]。上述各方的声援使得取胜的天平逐渐向“迁省派”倾斜。

再次，随着国务院6月18日对南宁临时省议会的承认，同盟会摆脱了“违法”的困境，取代立宪派，成为控制广西立法机关的核心力量。立宪派在“迁省之争”中转胜为败，固然与失去中央政府的支持直接相关，但内部的政见分歧，

---

[1] 《致袁总论广西迁省利害》，汪钰孙编：《黎副总统书牍汇编》，台北：文海出版社，1988年，第3页。

[2] 《致袁总统论桂林迁省》，经世文编社编：《民国经世文编》，台北：文海出版社，1966年，第2178—2179页。

[3] 《上大总统并致国务院参议院》，易国干等编：《黎副总统政书》，台北：文海出版社，1971年，第151页。

[4] 《复副总统黎元洪电》，骆宝善、刘路生主编：《袁世凯全集》（第20卷），第76页。

[5] 《广西迁省案之胜败观》，《新闻报》1912年8月28日，第2张，第1版。

更是其最终走向瓦解、难以继续与同盟会相抗衡的症结所在。

在国务院公布新的处理方案之初，反对迁省的立宪派联合桂林的绅商学界，向中央递交了一封请愿书，以期做最后的争取，从法理、国防、政治、财政、民俗等方面论述了“迁省南宁”的不合理性，以乞中央政府重新审查迁省案：

> 迁省一事，就现在而论，不过一方之利害；就将来而论，系实全局之安危……主张迁省之理由，不过曰人数之比较也，交通之便利也，对外为国防也，对内为中枢也，政治可以统一也，财政可以增加也。听其言则美，施于事则乖。若果实行，非持无以平争，而适足以召乱……贵院自有权衡，惟区区之愚，仍拟恳贵院设法维持，保全现状……庶治安可报，而祸变无自而生。广西幸甚，民国幸甚。谨依撰具请愿书，伏乞贵院重付审查施行。[1]

然而，立宪派的努力收效甚微。参议院在回复中坚持“暂以南宁为省议会、为都督驻在地……俟正式省议会成立后”再决议迁省与否，并“电致陆都督，不必急催六司赴邕，籍以维持市面”，且催促省议会议员速赴南宁集合，“以议一切事宜”[2]。与此同时，国务院“劝其毋作无谓之争持，应暂如

[1] 《广西代表第二次上袁世凯书》,《太平洋报》1912年8月27日，第2版。

[2] 《参议院第六十七次开会纪事》,《盛京时报》1912年9月6日，第3版。

原议之案，速谋地方幸福，如果有必须变通之处，国会召集转瞬即届，将来尽可提出建议”[1]。

立宪派在应对策略上逐渐出现分化。其中，有主张联合桂林、平乐、柳州、庆远四府脱离广西，重建省份者；亦有声称“倚省防一军兵力，宣布桂林独立，令举都督”者；亦提议有将桂林划归湖南省管辖者；还有倡议邀请广西旅京、旅沪的士绅回桂，继续争取省会地位者[2]。更为甚者，部分立宪派在革命党人的拉拢下，竟放弃了原来的主张，转向了迁省阵营，导致“反对派”陷入“孤掌难鸣”的困境[3]。在留桂的临时议员中，“共和党主张抗争到底，同盟会主张以要求条件为让步，自相冲突，团体涣散”，或萌生了退出政界之意，或不得不南下南宁，以行补救之效[4]。在南下前夕，桂林临时议员在“敬告父老兄弟”公开信中，揭示了反对迁省的阵营已经走向分崩离析：

> ……今桂属议员……四人胆违大众，潜行赴邕，时局为之一变。前此主张不出议员之议，施之今日，目下无效……今则已有四议员往邕，则邕议会则认为十五府议员到齐，必为完全成立之宣告……各议

[1] 《国务院解决广西迁省争执案》，《大公报》1912年8月17日，第2版。

[2] 《广西迁省风潮近状》，《大公报》1912年8月3日，第5版。

[3] 《七个小魔闹神通》，《中华民报》1912年9月4日，第7版。

[4] 《广西迁省案之未决》，《大公报》1912年9月5日，第5版。

员均已不能挽回大势，有负地方，咸坏退志……[1]

复次，同盟会超越了中央政府在南宁与桂林的权力分配，夺取了桂林的行政权，使得桂林难以继续维持立宪派势力中心的地位。国务院所规定的“都督、省议会驻南宁，六司驻桂林”，是将广西的军权、立法权同行政权分离，但同盟会策划下的“六司迁邕案”，决议将民政司和财政司迁至南宁，则导致桂林所拥有的行政权名存实亡[2]。与此同时，在迁省风波的冲击下，桂林乱象横生，商业相继倒闭，绅商纷纷逃离，学校先后停课或迁址[3]。据《太平洋报》报道，自迁省后，桂林谣风四起，“殷实股东多迁往湖南躲避”，导致“商场异常冷淡，市面亦极其恐慌，取存款、兑换现银者甚形忙碌”，在此影响下，“倒闭钱店甚多”，如桂富银行“因之歇业”，协理“因亏欠过多”之故，竟“情急投水”，又如一大商店“因提取存款过多，一时不能周转，店主张某无应付，竟服毒自尽”[4]。除了金融危机，教育机构深受迁省波及者也颇多，如“广西法政学校本在桂林，因起风潮后各府学生大生恶感，又加以迁省南宁之问题解决，故全体学生皆有归兴之思”，已

[1] 《桂林争执迁省余波》，《新闻报》1912年9月5日，第2张，第1版。

[2] 刘信敬：《辛亥革命时的桂林》，桂林市政协文史资料委员会编：《桂林文史资料》（第16辑），桂林：漓江出版社，1991年，第114页。

[3] 《广西迁省风潮近状》，《大公报》1912年8月3日，第5版。

[4] 《金融大恐慌》，《太平洋报》1912年8月26日，第10版。

派遣代表赴南宁，“呈请都督、省议会筹办处及全省教育会，预先择定地点，布置一切”[1]。此外，还有“秉性正直，爱国特深”的热心志士，见“本省时事败坏，无可收拾，愤激异常……时求速死为快”，先是“暗写血书……即欲赴水，同人知之力阻，乃免不意”，后又“自缢于室内，幸同室者尚未熟睡，璇玑知觉，急救解下”[2]。面对桂林乱象频发之困境，立宪派与同盟会的较量难以为继。民元“迁省之争”使得广西革命势力与立宪派的力量对比发生了实质性的转变，开启了民初广西政界的新局面。

## 二、媒体的不同论说：民初广西党争的复杂性

在广西革命党人与立宪派争执不休之际，各大报刊围绕迁省问题展开了论说。其中，包括《民权报》《中华民报》《天铎报》等代表革命党激进派的报刊，《民立报》《中国日报》等代表革命党稳健派的媒体，共和党的机关刊物《亚细亚日报》，以及倾向共和党的《新纪元报》《时事新报》《新闻报》等。各大报刊的论说背后，彰显了民国初年党争的复杂性。

从上述各大报刊媒体的论说观之，值得注意的是，革命党人内部对于“迁省南宁”也存在着不同的意见，即支持“迁

[1] 《法政学校择地难》，《中华民报》1912年8月18日，第7版。

[2] 《桂林之伤心事》，《中华民报》1912年8月16日，第6版。

省南宁”者主要是革命党激进派，而革命党稳健派却对“迁省南宁”不表苟同。首先，声援“迁省南宁”的媒体一致将批判的矛头指向桂林等府的临时议员。如《民权报》认为，“迁省之争”久而不止，症结在于桂林等府少数临时议员的顽抗以及中央政府的纵容，“桂林人私心未泯，顽抗不已，以一府议员冒立省（议）会，桂人何足怪独怪”，但“中央国务院亦从而是之……任意翻覆，径行不韪。此中弊窦显然”，形同“以小儿对我广西百万之人民矣，于共和时代而行此手段，为之慨然”[1]。《中华民报》指责“反对派”以无理之争辩混淆视听，认为中央决议迁省后，桂林等府临时议员“诡谋之返现亦愈多”，或“冒商界全体名义，通电中央政府，抵制迁省”，或“要求各省都督代为维持，组织迁省”，或“冒发起迁省最先且最力之岑云阶，通电于中央政府及各省都督，反对迁省”，“苟可以耸动人民、混淆观听者，无不为之”[2]。《天铎报》则指出，桂林等府临时议员对迁省的抵制实属违法行为，“迁省问题，久经参议院议决，国务院公布，陆都督执行在案”，但“桂林少数议员尚抵死不遵”，且以全省临时议员之名义，参与《临时约法》的讨论，是对中央政府所颁政令的公开抵制[3]。其次，反对“迁省南宁”的报刊认为，迁省纷争破坏了广西地方秩序，搁置了军民建设事业，甚至牵涉到

[1] 《广西怪现象》，《民权报》1912年5月17日，第6版。

[2] 《桂林之伤心事》，《中华民报》1912年8月16日，第6版。

[3] 《桂议员不甘屈伏》，《天铎报》1912年8月22日，第4版。

全国政局的稳定。如《民立报》指出，自光复以来，全省“土匪纵横，政权俶扰，乱象日甚一日”[1]。《中国日报》则以国都和省会相比拟，认为纵容广西迁省或将引起参议员仿而效之，“若徇少数人之私见，遽允迁省，则将来国会成立时，（假）设各省议员不赴中央召集而在他处集合，则国都亦须随时迁徙矣”[2]。

革命党激进派与稳健派在迁省上秉持不同的立场，源于双方在建设共和问题上的理念分歧。前者侧重于“二次革命论”，后者则以孙中山为代表，认为维持政局稳定是国家建设的前提[3]。因此，广西革命党在迁省问题上同立宪派所展开的政治较量，固然难以获得稳健派的支持。在省会定址论战期间，南宁的临时省议会向孙中山发出了诸多封请求承认的电报，梧州总商会曾电邀孙中山赴广西游历，坚信“若得中山先生一临斯土”，必能“镇定民心，维持秩序，于西省时局，必有裨益”[4]。陆荣廷亦致电孙中山，欢迎孙中山到桂一游，桂属同胞，“无不以得瞻颜色”[5]。然而，孙中山并未明确

[1] 啸秋：《广西迁省问题》，《民立报》1912年8月9日，第7版。

[2] 《广西迁省之乡评》，《中国日报》1912年5月28日，第2版。

[3] 《通告粤中父老昆弟书》，中国社会科学院近代史研究所中华民国史研究室等编：《孙中山全集》（第二卷），北京：中华书局，1982年，第351—352页。

[4] 《望君如望岁》，《民权报》1912年5月8日，第7版。

[5] 《陆荣廷致孙中山电》，桑兵主编：《各方致孙中山函电汇编》（第二卷），北京：社会科学文献出版社，2012年，第308页。

回复对于迁省之意见，且拒绝了陆荣廷等人的邀请[1]。究其原因，一方面是孙中山正周游于武汉、福州、广东等地宣讲民生主义，无暇顾及广西的政界纷争[2]，另一方面是广西革命党激进派执意迁移立法机关与省会，与孙中山强调和平的建设环境理念相违背。

无独有偶，共和党在迁省问题上也存在着分歧。从整体上看，共和党多由立宪派蜕变而来，其机关刊物《亚细亚日报》《时事新报》《新闻报》《新纪元报》等倾向共和党的报刊皆抵制"迁省南宁"。这些媒体或认为迁移省会乃为"舍本逐末之愚"，或谴责"迁省派"勾结参议院中的同盟会会员暗中作梗，或担忧迁省将破坏广西的财政金融以及增加民众的经济负担。如《亚细亚日报》慨叹道，"因迁省问题风潮迭起，上自都督、司长以及各府县长官，下自绅商以及士民，无不劳心瘁力"，而置广西诸项共和建设事业于不顾[3]。《新闻报》批评道，"迁省南宁案"之所以在参议院屡次掀起风波，不仅是广西同盟会会员曾彦、刘崛受"迁省党之托，在参议院极力袒助"之故[4]。《时事新报》通过揭露南宁的"临时省议会"议长林绎此前因抢夺妓女而入狱等劣迹，指责其

[1] 《致陆荣廷电》，尚明轩主编：《孙中山全集》（第六卷），北京：人民出版社，2015年，第115页。

[2] 《复袁世凯电》，尚明轩主编：《孙中山全集》（第六卷），第114页。

[3] 《广西迁省问题之波折》，《亚细亚日报》1912年6月2日，第3版。

[4] 《广西迁省案之胜败观》，《新闻报》1912年8月28日，第2张，第1版。

“实属民国之污点，非仅广西之大辱”，进而否认该会的合法性[1]。《顺天时报》认为迁省已致使广西的财政金融形势颇为严峻：“自独立后，货物贩运大半遭匪抢劫，困难情形已达极点，商界相约停办货物……一旦迁省则各店势必一律倒闭，故此次迁省风潮，商界最为惶急，函电纷驰，泪竭声嘶，而官银借出巨资暨各界存款在各店者，尤恐均化为乌有”，且“各处土匪游匪假冒民军，尚肆扰害，一旦迁省而成内讧，则全省糜烂矣”[2]。《大自由报》批判“迁省派”征收迁省经费，乃是“厉行满清之苛政，竭泽而渔”之举：光复后，各项苛细杂捐“前奉中央命令概行豁免”，但南宁的“迁省办事处”却提出了“迁省经费款四策”，包括征收油糠龙牛酒烟各项杂捐，加抽盐税，借用公债等，各属及四十一土司“闻之无不愤愤，以民间贫困已达极点”[3]。

然而，广西省内的部分共和党却与“迁省派”站在同一阵营。其一，在前赴南宁集合的临时议员中，部分是由立宪派激进分子转化而来的共和党。这主要是源于他们在光复期间与革命党人联系甚密。如梧州的立宪党激进分子林绎在光复期间，曾强迫“盐运道沈林一交印解任”，赞成共和[4]，当

[1] 《临时省议会宣布林绎劣迹》，《神州日报》1912年7月14日，第2版。

[2] 《广西迁省之大风潮》，《顺天时报》1912年6月9日，第4版。

[3] 《迁省经费无着》，《大自由报》1912年9月20日，第10版。

[4] 梁大年：《梧州独立杂记》，中国人民政治协商会议广西僮族自治区委员会、文史资料研究委员会编：《辛亥革命在广西》（下），第173页。

民元迁省风潮兴起之际，又担任了南宁“临时省议会”的正议长[1]。其二，留在桂林的部分临时议员转向“迁省派”。7月初，在桂林的临时议员联合组建了共和党支部[2]。然而，在广西同盟会代表马君武的拉拢下，竟有8名临时议员脱离了共和党，转入同盟会[3]，其中甚至有4名临时议员私自前赴南宁集合[4]。可见，民国初年的政党并不具有强烈的政纲、党纲意识，政治利益才是影响他们抉择的根本。透过革命党激进派、稳健派在迁省问题上的政见分歧以及共和党内部的多元立场，可以窥见民国初年各党派之间以及党派内部较量的复杂性。

## 三、广西革命党人与陆荣廷的利益结合

“迁省南宁”在民国元年的达成，实为广西革命党人与军阀陆荣廷利益结合的产物。双方之所以能够建立合作联盟，主要有两方面的因素：一是对于陆荣廷而言，其在清末时期仅为广西提督，尽管掌握部分旧军并驻于边防要塞，但远离省会桂林的政治权力中心，光复后也仅与王芝祥同列为副都

[1] 《南宁报告选举情形电》，《神州日报》1912年5月4日，第2版。

[2] 《桂林两政党龃龉原因》，《新闻报》1912年8月7日，第2张，第1版。

[3] 《七个小魔闹神通》，《中华民报》1912年9月4日，第7版。

[4] 《桂林争执迁省余波》，《新闻报》1912年9月5日，第2张，第1版。

督[1]，因此，若要扩张军政势力，则必须与革命党人进行联合，清除控制新旧军力量的都督沈秉堃和副都督王芝祥；二是对于革命党人而言，若要在新立的共和政府获得主动权，则需要借助陆荣廷的权势，以摆脱立宪派的制约。

在光复前后，陆荣廷以“协助迁省南宁”等协议换取了广西革命党人的支持。在和平光复南宁的谈判中，陆荣廷答应了革命党人所提出的诸项要求，其中则包括“迁省南宁”一项：

> （1）厚集兵力从速北伐，协助武汉的革命军解决袁世凯的反动武力；
>
> （2）发还所缴的新军枪械；
>
> （3）在军政府内设交通部，以联络和收编民军，部内分联络、调查两课，工作人员均由同盟会会员担任；
>
> （4）将省会迁来南宁，以摆脱旧势力的影响；
>
> （5）成立学生军，吸收革命青年，施以短期军事训练，使之北伐。[2]

随后，革命党人一方面利用沈秉堃和王芝祥外省官员的身份，散布“桂人治桂”的舆论，对沈、王二人施压，另一

---

[1] 张国淦：《辛亥革命史料》，上海：龙门联合书局，1958年，第240页。

[2] 雷沛鸿：《同盟会在南宁的活动和广西独立前后》，中国人民政治协商会议文史资料研究会编：《辛亥革命回忆录》（七），第475页。

方面强迫桂林的旧军剪辫，并对以此兴起暴动者实施镇压，从而削弱沈、王的军事力量[1]。最终，沈、王不得不以北伐之名义离开了广西，而兼有“共和之功臣”和“广西本土之豪杰”双重美誉的陆荣廷顺利地成为广西都督[2]。

然而，在迁省风潮初兴之际，陆荣廷基于共和初建、个人地位尚不稳固等方面的考虑，并未立即兑现辛亥之际与革命党人所达成的迁省协议。此间，陆荣廷虽返回南宁，但拒绝南宁绅界的欢迎典礼[3]，且以感染风寒为由休养了一个月[4]，而对于迁省纷争的相关电文仅是敷衍处之[5]。4月7日，陆荣廷在公开发表的请假书中，着重交代了生病的原因，即政务和剿匪双重压力所致，声明病愈后的工作安排，即从事边防建设。其中，对于军政各界争论不休的迁省问题，却只字未提：

> 各局局长、各局分送各统领、帮统、管带、各府、县长，并送新选议员暨自治商学各界通鉴：
>
> 廷一介武夫，谬承父老兄弟推为都督。自顾愚庸，只以事关桑梓安危，不得不勉力承乏。数月以

[1] 莫世祥编：《马君武集》，武汉：华中师范大学出版社，1991年，第466—468页。

[2] 张国淦：《辛亥革命史料》，第240页。

[3] 《南宁各界欢迎都督》，《大公报》1912年5月11日，第5版。

[4] 《陆都督告病一月》，《申报》1912年4月20日，第1版。

[5] 《陆荣廷电复袁世凯反对广西迁省》，《申报》1912年4月22日，第2版。

来，组织内政，兼筹剿抚，竭力经费，心力交瘁。又值平、梧、浔、郁匪乱正急，商民交困，藐躬不敢宁居，用是亲率军队出巡，剿抚兼施，地方乃能粗定。此次水陆兼行，风雨交侵，遂与触发旧疾，两足肿痛，举步维艰。

近日寒热交加，夜不成眠，加以脚骨刺痛，竟至不能治事。当此时事艰难，求进则吾才既竭，欲退则于义未安。唯有暂请病假一月，俾安居调养。所有政事暂委军政司长陈炳焜代办。世电发后，各营属、各界遇有秉商事件，均请省军政府核复；外交、军政重要则由省电廷核办，庶得安心调理。如病稍愈，拟赴沿边巡阅布置，以固国防。区区愚忱，尚望鉴察。

荣廷叩。阳[1]

究其原因，巩固个人在广西的军政地位，才是初任都督的陆荣廷考虑的首要问题。在致广西各属的通电中，陆荣廷明确指出了此际最主要任务，一是推翻清政府的统治，二是维持广西地方的秩序：

[1] 《陆都督告病一月》，《申报》1912年4月20日，第1版。该报道有引言称，“四月八日陆都督电桂林军政府云”，但陆荣廷在电文落款处所标注日期为“阳”即7日，可见该电文的拍发时间为4月7日而非4月8日。

> 事有缓急，序有先后，目前最先最急者，推倒满清政府也，保全地方治安也，其他皆可缓可后者，军政府通告所谓照旧办理者，欲于可缓可后之事暂保旧有之秩序，日以专注于最先最急之事情也。譬诸建新屋必先植其基础，毁其旧屋不先去其桷瓦，秩序一乱，倾覆随之。满清政府者，旧屋之瓦桷也；地方治安者，新屋之基础也。

关于前者，陆荣廷已“捡派军队北伐，陆续进发”[1]。关于后者，五军政府并立、匪患猖獗以及《广西临时约法》的牵制等，已对陆荣廷的军政地位构成了主要的威胁，实属“最急最先”的问题。

其一，尽管《广西临时约法》规定，都督总揽政务，并统帅全省水、陆军队[2]，但由于广西光复之际，同盟会在龙州、梧州、柳州、南宁所设立的军政府分府、副府，有碍于广西军政权力的统一。相对于迁移省会而言，改革广西军政机构显得更为迫切。陆荣廷到达桂林后，便致电军政府龙州分府、梧州分府、柳州分府以及南宁副府，一方面宣布撤销上述各府的原因，即“前因本都督在邕曾设副府，龙、梧、柳州三

[1] 《陆都督之披肝沥胆谈》，《申报》1912年1月7日，第1张，第4版。

[2] 《广西军政府公布的临时约法和官制大纲·第二章·都督》，中国人民政治协商会议广西僮族自治区委员会、文史资料研究委员会编：《辛亥革命在广西》（下），第106—107页。

处并设分府，专为行军便宜起见……现南北军队经已联合赞成共和，战事克日可息，中央临时政府又经成立，此后举动，注重建设，各省军政分府均已裁撤。吾桂副府、分府亦应一律裁撤，以谋统一进行办法”；另一方面宣布裁撤的方式以及官员的善后安排，即“兹定于新历三月初一日起实行。裁销前设各总长，一律改为统领，为管辖军队司令，专管军事。副府、分府所设各司员一律取消，其裁撤各员、司应由各统领开册具报，听候调用”[1]。通过改革，陆荣廷结束了五个军政府并立的局面，正式确立起在广西最高军政地位。

其二，各府匪患肆虐破坏了地方治安的稳定，这使得剿匪成为陆荣廷维持秩序、安定民心的必行要务，而无暇顾及迁省纷争。广西光复后，“匪乱频仍，屡岁用兵，乞未少息，时有戕官、焚署、打村之案先后乘机而起，猖獗尤甚……匪根太深，一波未平，一波又起，勾结滋扰，凶悍异常……擒一匪徒，死数练卒，事所恒有。山泽啸聚，仍复不时出没。军士相遇则战，乡团警备时闻……无地不戒严，亦无时不戒严”[2]。如有匪徒至苍梧浔阳乡大秤村一黄姓人家，“破门入室，将该姓家六人剖腹毙命，并掳去媳妇、女童共三口，只存三岁小孩一人”[3]；亦有匪徒竟冒充民军名义，强迫官吏交印、夺税、缴枪、纳款等，甚至“攻陷贺县，逐官戕绅，专

[1] 《桂省统一政权》,《申报》1912年3月10日，第2张，第6版。

[2] 《广西大举清乡之戒严令》,《申报》1913年6月24日，第2张，第6版。

[3] 《抢匪报复惨案》,《申报》1911年11月26日，第1张，第4版。

行掳掠”；又有匪徒率兵攻入郁林府城内，“在十字街发枪”后，前往“中学堂勇队放枪乱轰”，并抢掠了各商店“银约三十余万，货约值银三十余万”，其间枪毙各店店员数名[1]；还有浔州府贵县外匪千余人，勾结旧军防勇、商团、民团，相约叛变，“县长被害，民居商店（被）抢掠一空”[2]。陆荣廷认为，“似此种种不法，扰害治安……应调重兵严加兜剿，以除民害而保公安”，对于“此等凶孽，应随时随处查缉务获，科定罪名，与众弃之”。因此，对于“迁省派”频繁请求支持迁省的电报，陆荣廷皆冷淡处之，仅将诸类内政事务交付民政司司长陈炳焜处理，以便集中精力剿除匪患[3]。

其三，由于召集各府临时议员赴桂林是《广西临时约法》的应有之义，陆荣廷对迁省的搁置则是防止陷入反对迁省者指责其“违法”的尴尬境地。《广西临时约法》第四十七条规定，“议会于每年法定时期自行集合开会、闭会，其有必须延长会期及临时会议，另以法律定之”[4]，陆荣廷在召集各府临时议员成立“临时省议会”的命令中，明确规定集合时间为4月1日，地点为省会桂林[5]。尽管聚集在南宁的临时议员

---

[1] 《广西匪乱近状》,《申报》1912年1月29日，第2张，第6版。

[2] 《贵县兵变警耗》,《申报》1912年5月6日，第2张，第6版。

[3] 《桂省军事近讯·陆督宣言》,《民立报》1912年2月13日，第4版。

[4] 《广西军政府公布的临时约法和官制大纲·第五章·议会》，中国人民政治协商会议广西僮族自治区委员会、文史资料研究委员会编：《辛亥革命在广西》(下)，第108页。

[5] 《广西省会成立难》,《民立报》1912年4月9日，第7版。

占据了多数，但4月9日在南宁成立“临时省议会”一节，明显与《广西临时约法》的相关规定以及陆荣廷的政令相违背，这使得陆荣廷难以公开对“迁省派”表示支持[1]。

从广西的政治形势看，与上述三大问题相比，迁省固然属于“可缓可后者”，因为迁移省会不仅必将招致广西商业、军界、政界以及民众的变动，特别是背后所牵涉的党派权力争夺，更与陆荣廷急于稳定政局的理念有碍。陆荣廷在任职宣言书中，曾以广东党争为鉴，呼吁军政各派消弭争端，共建共和大业：“近闻广东新旧分党，互相残杀，日演惨剧，商民迁避，十居其七。现象若此，祸变正未知所终极。凡我桂人，正宜引为殷鉴，勿分党派，勿争意见，融合一气，来集省垣，协力同心，分担职任。”[2]因此，同盟会在此际要求立即“迁省南宁”，难以获得陆荣廷的首肯。

但需要指出的是，在此期间，陆荣廷虽尚未对迁省表示支持，但“敷衍各方”的态度在客观层面上却对“迁省派”形成了助力之势。例如，陆荣廷在致袁世凯和参议院的电文中，表达了“百技尽使，却终难以应对”的无可奈何：“荣廷智浅才庸，不能裁断”，虽苦口相劝，但论争双方“百口同声，坚不允纵，种种困难，无从取决，敢请钧裁，以为准的”[3]。又如对于中央政府否认南宁的临时省议会合法性的多封电

[1] 《广西电报》，《民立报》1912年4月17日，第6版。

[2] 《陆都督抵省宣言书》，《申报》1912年2月26日，第2张，第6版。

[3] 《广西迁省问题之纷扰》，《申报》1912年5月11日，第2张，第6版。

文，陆荣廷在转寄和执行上皆刻意拖延。中央政府4月26日、29日、30日发出的三封电报，早在30日由军政府各司长寄至南宁，随后引起了轩然大波，但陆荣廷迟至5月2日才将相关电文转发给南宁等府的临时议员。在电文中，陆荣廷仅劝告临时议员赴桂林集合，并未按照中央政府的政令强行解散南宁的“临时省议会”，而且自行将集合时间从原计划的4月1日往后延迟了两个月，即6月5日[1]。

直到各府临时议员的论争日趋白热化，陆荣廷才改变此前“观望”的态度，对迁省之争进行直接干涉，并公开表明支持“迁省南宁”的态度，主要原因有二：

一是革命党人和立宪派积极向省外寻求同盟者的举动，引起了陆荣廷的警惕。1912年4月底，革命党人秘密商议，“若目的不达，即推倒陆”，公推革命党激进派王和顺为都督[2]，立宪派则邀请旅外桂籍士绅岑春煊、唐景崇回桂平息政界风潮[3]。对于两者的邀请，担任粤汉川铁路督办的岑春煊因忙碌于实业建设，无暇归桂，仅致电中央政府，从财政和治安两方面分析了此际不宜迁省的原因：“现在情形大非昔比，库储万分奇绌，行政军需各款万分竭蹶，何能有此财力与兴此钜工。况广西银行为全省命脉，总机关向设桂林，放出借

[1] 《广西省议会之争执》，《大公报》1912年6月8日，第5版。

[2] 梁烈亚：《同盟会在南宁的活动》，中国人民政治协商会议文史资料研究会编：《辛亥革命回忆录》（二），第500—501页。

[3] 《广西迁省风潮》，《民立报》1912年5月21日，第7版。

款，将及百万。若闻迁省之举，放款必归无著，市面愈形惊慌，且恐不逞之徒乘机煽乱。桂林既遭糜烂，必至牵动全局，后果何堪设想”，并请求中央政府和陆荣廷“鼎力维持，仍以桂林为省议会，以期融洽而保秩序”，待“国会成立，时局大定，各省官制亦经议有规则，再行从长计议，妥筹正当办法，庶免徒衿意气，贻害地方”[1]。王和顺虽以继续北伐为由拒绝了革命党人的邀请，但舆论中传言，王和顺旧属或已秘密潜入广西，或“逞于广州”，且“匿居澳门香港”[2]。与此同时，盘踞在柳州的革命党刘古香，曾在清末期间在柳州组建了同盟会广西分会，辛亥鼎革之际担任广西右江军政府分府总长，在陆荣廷上迁为广西都督后任广西陆军第五军统领，也对陆荣廷形成威胁之势[3]。鉴于此，陆荣廷不得不兑现对革命党人“助力迁省南宁”的承诺。

二是广西多处土匪猖獗之地已得到平息，这使得陆荣廷稍有余力关注广西政界的纷争。如浔州府属贵县的土匪遭到了重击，“市内略静……商民之回城者已居大半”[4]。逃亡桂、黔交界的数千土匪遭到黔军夜袭，伤亡数百。余部被怀远县县长痛击，“匪遂大败，擒斩百余，势穷四散”。侵扰广西边

[1] 《岑春煊主张广西暂不迁省》，《民立报》1912年6月19日，第3版。

[2] 《陆荣廷赞成广西之苦心》，《大公报》1912年7月29日，第5版。

[3] 梁烈亚:《同盟会在南宁的活动》，中国人民政治协商会议文史资料研究会编:《辛亥革命回忆录》(二)，第500—501页。

[4] 《贵县兵变续闻》，《申报》1912年5月8日，第2张，第6版。

境的土匪也被刘古香截堵，“匪党多愿缴械投诚……所有大股贼匪经已消灭”[1]。

事实上，陆荣廷在“迁省南宁”一事上，从暗中支持到冷落观望，再到大力推动的态度转变，皆是以稳定其军政统治以及扩大利益为转移，彰显了近代中国地方军阀缺乏政治信仰的特点和唯利投机的政治心态。

[1] 《桂军扑灭股匪》，《申报》1912年6月3日，第2张，第6版。

第三节

# “迁省之争”与袁世凯政府对广西军阀的统治

统一南北政权、维持边疆稳定，是初任中华民国临时大总统的袁世凯巩固统治地位的首要命题。其中，在处理广西“迁省之争”一事上，袁世凯从反对迁省转向支持迁省，主要是出于稳定西南边疆地区、巩固国防，以及陆荣廷在广西军政势力的考虑。

## 一、袁世凯对广西军政环境的综合权衡

首先，主导迁省的广西革命党激进派，与省内的秘密会党在辛亥鼎革之际所建立起来的合作基础，构成了广西政局潜在的不稳定因素。清末时期，联合各地秘密会党是革命党发展革命力量的重要途径之一。在广西地区，同盟会与南宁、

桂林、柳州、梧州、浔州等地的会党联系甚密，其中就有被誉为“共和之功臣”的秘密会党首领王和顺[1]。进入民国以后，同盟会尽管从秘密的革命团体改组为公开的政党组织，但部分激进派依旧与各地的会党保持着密切的联系。如广西的同盟会会员雷在汉担任镇安府府长后，成立了种植公司以安置参与辛亥革命的会党以及贫苦农民，并以在城外50里的山区种植茴树、桐树为名组建了武装护林队，“以备再进行一次革命之用”。迁省受阻后，革命党激进派便秘密联系会党，计划掀起一场新的革命运动，“将广西的军政大权拿回，置于同盟会的领导下”[2]。在一定程度上，袁世凯选择对“迁省派”让步，与其阻止革命党激进派同广西秘密会党继续结合，防范引起西南边疆政局的动荡，不无关联。

其次，扼制西方势力在广西的扩张也是袁世凯重新思考迁省案的原因之一。辛亥鼎革之际，西部和北部边疆在英俄的策动下先后发生了独立运动，引发了边疆危机[3]。同时，随着英法在西南地区获得了传教、设立领事馆、修筑铁路、开发矿产等权利，西南边疆的主权和国防遭到了严重破坏[4]。民

---

[1] 耿毅:《辛亥革命时期的广西》，中国社会科学院近代史所第三所编:《近代史资料》(总第21号)，第106页。

[2] 梁烈亚:《同盟会在南宁的活动》，中国人民政治协商会议文史资料研究会编:《辛亥革命回忆录》(二)，第500—502页。

[3] 《在北京军警界欢迎会的演说》，中国社会科学院近代史研究所中华民国史研究室等编:《孙中山全集》(第二卷)，第428—429页。

[4] 张声震主编:《壮族通史》(下)，第830—831页。

国元年，美国亦勾结地方士绅觊觎广西领土。如梧州城厢自制董事会总董事陈太龙私自将螺山卖给英国思达医院，并勒令该地的“所有坟墓限日挖迁”，甚至“亲自督率工人硬掘坟墓数十穴，抛骨河中，激犯众怒”，酿成了轰动一时的“国土争端案”[1]。由于广西军政各界深陷迁省风潮，无暇他顾，梧州公民代表不得不电请中央干涉[2]。参议院多次要求陆荣廷查明和办理，但迟迟未见其回复[3]。对此，袁世凯认为唯有迅速妥善处理迁省案，才能着手平息西南边疆危机。至于“剿”与“抚”的抉择，一方面，孙中山曾向袁世凯建言，应对边疆地区的动乱应以“抚”代“剿”，以兵力从事易“激起外响，牵动内地，关系甚大”[4]，且“今日外人窥伺益急，如果不得已，而至于调动兵队，于军事上尤为不利”，可令云、贵、桂三省合力共谋，“巩固边疆，关系匪浅”[5]。另一方面，四川都督尹昌衡、云南都督蔡锷联合率兵进藏镇压叛乱也收效甚微[6]。袁世凯在权衡利弊后，决定对广西以“抚”为主，转而

[1] 《广西国土维持会纪事》，《申报》1912年10月10日，第2张，第6版。

[2] 《批广西梧州公民代表俞配乾》，中国第二历史档案馆编：《北洋政府档案》（121），北京：中国档案出版社，2010年，第63—65页。

[3] 《为咨复事准函开奉》，中国第二历史档案馆编：《北洋政府档案》（121），第68—69页。

[4] 《在北京与袁世凯的谈话》，中国社会科学院近代史研究所中华民国史研究室等编：《孙中山全集》（第二卷），第427—428页。

[5] 《致袁世凯电》，尚明轩主编：《孙中山全集》（第六卷），第120页。

[6] 《国务院电蔡锷请派兵会同蜀军进藏镇抚》，《西藏研究》编辑部编：《民元藏事

支持占据多数的“迁省派”，以期通过平息广西的军政纷争，防止广西重蹈蒙古、西藏边疆危机之覆辙。“迁省南宁”得到袁世凯的默认后，陆荣廷一面派员密查，一面积极同英国领事馆交涉，最终收回了陈太龙与思达医院所订的合同，促使“国土争端案”得到了解决[1]。与此同时，广西各界代表成立了“国土维持会”，协助梧州检察厅收集了陈太龙接受英国思达医院贿赂的诸多证据，将其判处死刑[2]。

再次，迫使袁世凯转向支持“迁省派”最重要的因素，是陆荣廷在广西日益增长的军政权势。清末时期，出身游勇的陆荣廷接受了清政府的招抚，1911年官至广西提督，先后驻扎于国防军事要地龙州和南宁，与沈秉堃、王芝祥形成分庭抗礼之势[3]。辛亥鼎革之际，陆荣廷接受了与革命党人和平光复的建议，这使得其所属的军事力量得以完整地保存下来。然而，沈秉堃、王芝祥所属的旧军却在光复前后与新军频发冲突，折损颇多。1911年11月10日，巡防营第14、15队的旧军为抵制“剪辫令”发起了暴动，抢劫了藩库并捣毁了电报局等处设备，袭击了陆军学校的新军，最终遭到新军的镇

---

电稿·藏乱始末见闻记四种》，拉萨：西藏人民出版社，1982年，第11页。

[1] 《南宁陆荣廷电》《陆军上将衔陆军中将广西都督咨》，中国第二历史档案馆编：《北洋政府档案》(121)，第73—94页。

[2] 《梧州地方检察厅检察长》，中国第二历史档案馆编：《北洋政府档案》(121)，第96—103页。

[3] 《御旨·上谕：广西提督着陆荣廷补授》，《政治官报》1911年6月5日，第1316号，第2页。

压[1]。特别是革命党人传播“桂林治桂”的社会舆论，掀起排挤外籍官员的风潮，使得非桂籍的沈秉堃和王芝祥深感压力[2]。沈秉堃在就职宣言中，便以“才识浅薄，不娴军事”为托词，表达了自行引退的意向：

> ……广西地方，乃广西人之土地，本应由广西人主持。现在组织伊始，必欲鄙人权代主持，同为汉族，亦属义不容辞。但鄙人之才识浅薄，不娴军事……至都督一席，鄙人只可暂时承认。仍望公举伟人，及早接替，不胜企盼。[3]

在各界践行大会上，沈秉堃表面上声称退位让贤，专注北上援鄂，但内中暗藏着不得不辞职的无可奈何：

> ……炳焜自本年二月来抚是邦，自愧一官悠忽，未遑与我父老兄弟，共谋休养。迨宣布独立后，勉从诸父老兄弟之请，权摄都督。才轻任重，略无新知，足以饷诸国民，久恐措置乖方，反致阻碍进行，

[1] 黄绍竑：《五十回忆——黄绍竑回忆录》，北京：东方出版社，2011年，第19—20页。

[2] 莫世祥编：《马君武集》，武汉：华中师范大学出版社，1991年，第466—468页。

[3] 《广西独立时都督沈秉堃演说词》，中国人民政治协商会议广西僮族自治区委员会、文史资料研究委员会编：《辛亥革命在广西》（下），第103—104页。

贻羞当世。今幸规模初定，陆都督计日前来……以堃孱躯，亟当回里养疴，敬避贤路，听骊驹之引唱，益销魂之黯然……[1]

王芝祥则在陆荣廷到达桂林就职当天清晨，率领巡防营六大队离桂，“天甫明时，竟骑挤简从，由就日门出城，其兵队逾时乃去，绅商政界均未知闻”[2]。随着沈秉堃、王芝祥的离桂，陆荣廷成为掌握广西最高军政权力的地方军阀[3]。

在共和政府初建之际，袁世凯迫切需要依赖西南地方军阀维持国家的统一和边疆的稳定，因此，在迁省问题上，必须重视陆荣廷的态度。在迁省风潮初兴之际，袁世凯尝试命令陆荣廷贯彻中央政府反对迁省的意志[4]。然而，陆荣廷迟迟未遵照袁世凯的意旨，既未将南宁的临时省议会解散，也未积极督促南宁等府的临时议员赴桂[5]。

对于此番“欲擒故纵”的策略，曾担任广西边防大臣的郑孝胥也曾误以为陆荣廷是囿于“议员颇把持行政”而“不

[1] 郭孝成：《广西光复记》，中国人民政治协商会议文史资料研究会编：《辛亥革命回忆录》（七），第222页。

[2] 《广西大事纪》，《申报》1912年2月12日，第2张，第6版。

[3] 黄绍竑：《五十回忆——黄绍竑回忆录》，第19—20页。

[4] 《广西都督府电》，《申报》1912年4月23日，第1、2版。

[5] 《陆荣廷电复袁世凯反对广西迁省》，《申报》1912年4月22日，第2版。

能制”[1]。直至5月17日，陆荣廷在“调停方案”中竟公开支持“迁省南宁”，与中央反其道而行。

在电报中，陆荣廷一方面感叹此建议乃迫于“迁省派”的要挟，断言唯有迁省才可平息风潮，另一方面声明若此建议不被采纳，便“遁迹深山，不敢与闻桂事”，任凭广西政局陷于糜烂，颇有威胁袁世凯之意[2]。

然而，袁世凯慑于陆荣廷在广西军政界的威望，不得不考虑迁就陆荣廷的意志，以换取广西政局的稳定，默认了“迁省派”的要求。

袁世凯在处理广西政治问题上的棘手，正如英国驻梧州代理领事所观察的：广西“没有任何一个民政官员的任命得到了中央政府的同意，而军官也都仅由都督任命和调动。

在中央政府企图干预的唯一事情上，即关于把省城迁往南宁的问题，它不得不听从地方的愿望”[3]。

---

[1] 劳祖德整理：《郑孝胥日记》，北京：中华书局，1993年，第1414页。

[2] 《广西迁省风潮》，《民立报》1912年6月3日，第7版。

[3] 《第59件的附件·1912年7月份各省情况概述》，《英国蓝皮书有关辛亥革命资料选译》（下），胡滨译，北京：中华书局，1984年，第614—615页。

## 二、袁世凯在广西统治的困境

与广西相似，在同一时期内，安徽的安庆与芜湖[1]、江苏的上海与南京[2]，以及直隶的保定与天津等[3]也发生了省会定址的争执，同处西南边疆的贵州则有赵德全与杨荩诚的相互对抗[4]，云南都督蔡锷在出征西藏期间同四川都督尹昌衡的冲突[5]，唐继尧进军贵州军政府自立为督，致使云、贵、川三省间隙纷重[6]。面对各省内部和省际的纷争，袁世凯表达了在谋求国家统一问题上的困境，尤为痛感的是，中央与边疆各省“距离辽远，脉络不灵”，故虽“欲图一致之进行，收指臂之实助”，但“心所甚愿，势有未能”[7]。可见，共和初建之际，袁世凯仅在表面上实现了国家统一，尚未能对地方政局实施有效的控制。

袁世凯曾尝试以“军民分治”和“简任省长”的方式，

---

[1] 《安徽迁省芜湖之新说》,《申报》1912年12月8日，第6版。

[2] 《江苏省治问题之商榷》,《申报》1912年4月21日，第1版。

[3] 《直隶迁省问题》,《申报》1913年4月16日，第6版。

[4] 《广西光复纪实》，中国社会科学院近代史研究所《近代史资料》编译室主编:《云南贵州辛亥革命资料》，北京：科学出版社，1959年，第199—209页。

[5] 任新建等编:《尹昌衡西征史料汇编》，成都：四川大学出版社，2011年，第77—106页。

[6] 《云南辛亥革命长编》，中国社会科学院近代史研究所《近代史资料》编译室主编:《云南贵州辛亥革命资料》，第115—120页。

[7] 《致各都督电》，骆宝善、刘路生主编:《袁世凯全集》(第20卷)，第227页。

以期消解地方军阀对一省军政的兼统。地方实力派各自对此的态度和反应，成为他们展开权力博弈的筹码。如在“迁省派”策划“六司迁邕案”之际，二者成了桂林绅商学界挽回行政权、补救争夺省会失败的最后凭借。桂林联合会致电袁世凯，建言在广西实施军民分治，即都督驻南宁，省长驻桂林，分辖全省军政与民政，并推举了周绍昌等人为省长，请择优委任之：

> 省邕波起，大局动摇，危险前途，谅在洞鉴。本会为民请命，因採军民分治，以为补杀方针。留都督驻邕，可镇南服，省长驻桂，可弭内乱，广西由危得安。枢纽在此，当即开会，公举周绍昌、赵炳麟、林炳华、夏文炳四人为省长，恳迅择尤委任，以挽危局。[1]

然而，袁世凯政府碍于陆荣廷大力支持“六司迁邕案”的态度，唯有再度妥协，仅以“现省制未定”为由，敷衍答复桂林绅商学界，以期换取地方军阀陆荣廷对中央的支持和拥护[2]。

值得注意的是，袁世凯在民国元年以让步和妥协的方式，与广西革命党人以及陆荣廷所建立的合作基础并不稳固，先

[1] 《广西请行军民分治》，《新纪元报》1912年8月3日，第2版。

[2] 《广西迁省事宜案》，《民国新闻》1912年9月9日，第6版。

后在“二次革命”和“护国战争”中逐渐流失。首先，广西革命党人在“二次革命”中遭到了袁世凯的镇压，曾为革命党同盟者的陆荣廷基于自身利益的考量，摇身一变为袁世凯清除广西革命势力的帮凶。1913年接连发生的“宋案”、非法借款以及江西、广东、安徽三都督被免职诸事，引起国民党等革命党人的不满，最终在7月引发了“二次革命”[1]。广西革命党人在省内外皆参与到“反袁”革命之中。其中，由北上援鄂的新军混成协和邕龙标改编而来的“陆军第八师”，在“无帅统领”的情况下，在南京与袁世凯的军队相持近两个月[2]。在广东都督陈炯明的动员下，广西陆军第五统领的刘古香在柳州率兵响应了反袁革命[3]。在此期间，黄兴曾致电陆荣廷，以“挽救共和”相邀参与“二次革命”：

……江苏宣告独立，军心一致，市廛不惊，士民称快。现徐州正与袁军宣战获胜，江西亦屡破袁军，北方内讧，狡计已穷，铲除公敌，计日可待。公缔造共和，勋业最伟，年来对于中央，曲予维持，吾人具表同情，三都督以直言被撤，隐忍去职，亦

[1] 潘乃德：《二次革命时与陆荣廷一席谈》，中国人民政治协商会议广西僮族自治区委员会、文史资料研究委员会编：《辛亥革命在广西》（下），第30页。

[2] 陈树庭：《陆军第八师在南京参加二次革命的经过》，中国人民政治协商会议广西僮族自治区委员会、文史资料研究委员会编：《辛亥革命在广西》（下），第7—11页。

[3] 龙小凤：《辛亥革命与二次革命琐忆》，中国人民政治协商会议广西僮族自治区委员会、文史资料研究委员会编：《辛亥革命在广西》（下），第12—18页。

即斯意，乃彼猜疑不已。奸诈百出，于地方无事人心甫息之秋，忽而提兵南下，节节进逼。苟非破坏共和，意欲何为。我军迫于自救，忍无可忍，已以血肉相搏，有进无退。大局至此，公等拥护中央之苦心，必已化为灰烬。恃在昔日同仇之谊，用敢挥涕相告。公等滕念东南大局，必仍一致进行。民国前途，实利赖焉……[1]

然而，陆荣廷不仅对黄兴的电文不予回应，而且对于江西、广东、湖南以及安徽各省都督的电邀，也表示“极端反对，以南北分裂为虑，已分电婉却”[2]。潘乃德亲赴广西与陆荣廷面谈，亦以无果而终[3]。与此同时，陆荣廷对于省内革命党人的活动颇为警惕。1913年2月5日，陆荣廷联合唐继尧等人致电中央政府以及各省都督，声明严加禁止革命党人“危害共和”的活动：

……自统一政府成立以来，南北水乳，秩序渐就恢复。凡在国人，均应同心勠力，一直进行，内

[1] 《黄兴致浙江朱都督、广西陆都督电》，黄季陆主编：《革命文献·第四十四辑·二次革命史料》，北京：中央文物供应社，1968年，第163—164页。

[2] 《粤西对于中央之面面观·陆都督》，《申报》1913年6月6日，第2张，第6版。

[3] 潘乃德：《二次革命时与陆荣廷一席谈》，中国人民政治协商会议广西僮族自治区委员会、文史资料研究委员会编：《辛亥革命在广西》(下)，第30—33页。

巩国基，外御敌侮。乃近闻奸孽之徒阴谋窃割，乘机思逞，大江南北，恣情鼓煽。事虽无据，语出有因。缔造艰难，岂堪再经受破坏？如系传闻失实，故如天之福。万一见诸事实，则扰乱治安，即为民国公敌。吾辈职责所在，唯有竭力所能，声罪致讨，必不令奸谋得逞，致蹈危亡。诸公手创国家，为国柱石，谅表同情……[1]

“二次革命”爆发后，陆荣廷积极镇压省内革命党人。一是禁止革命党人的舆论宣传。1913年7月31日，在陆荣廷的指示下，广西陆军第一师司令部发布了戒严令，以“桂林今日各报关于他省战事辄多任意登载，殊与时机有妨”为由，“嗣后务须检点，免职停止出版”[2]。二是逮捕和枪杀革命党人。8月26日，陆荣廷遵照中央命令，大力搜捕国民党党员区里三；9月1日，捕拿了涉嫌运送军械的国民党人甘某[3]；9月6日，枪毙倡导“二次革命”的蒋翊武[4]；9月25日，以“图不轨”之名下令缉拿革

[1] 《云、贵、川、桂四督要电》，《申报》1913年2月15日，第2张，第6版。

[2] 《桂林警察厅公函第十八号》，黄季陆主编：《革命文献·第四十四辑·二次革命史料》，第480页。

[3] 《广西都督府之虚惊》，《申报》1913年9月14日，第2版。

[4] 《蒋翌（翊）武枪毙纪闻》，《申报》1913年9月16日，第3版。

命党人刘古香等[1]，随后将其枪杀[2]；周毅夫、宋新洲等革命党人也先后被杀害[3]。此外，陆荣廷还通过派遣军队以及运输军械等方式，陆续接济广东都督龙济光，以协助“平靖粤乱”。袁世凯为嘉奖陆荣廷在“二次革命”中“厥功甚伟”，特授予其“勋二位”[4]。

其次，袁世凯与陆荣廷之间的矛盾并未因“二次革命”的合作而消解，反而因前者对后者的权力掣肘而加深。一方面，袁世凯借助陆荣廷之力平息“二次革命”后，先后派遣统辖民政的民政长张鸣岐、巡按使王祖同赴桂，对陆荣廷实施分权和监督，有碍陆荣廷军阀势力的扩张。1913年底，袁世凯任命曾担任广西巡抚的张鸣岐为广西民政长（后改称广西巡按使），令其在桂林旧藩署的基础上修建广西巡按使公署，实行军民分治。张鸣岐于1914年至桂林后，碍于陆荣廷驻扎在南宁，且一切重要政务皆须与陆荣廷随时面商，不敢公然驻桂，仅能“半年驻邕，半年驻桂”[5]。1915年6月，张

[1] 《北京电》，《申报》1913年9月25日，第2版。

[2] 《袁世凯“通缉”广西党人刘古香等令》，黄季陆主编：《革命文献·四十四辑·二次革命史料》，第494页。

[3] 梁烈亚：《纪广西南宁革命事》，丘权政、杜春和选编：《辛亥革命史料选辑》（续编），长沙：湖南人民出版社，1983年，第183—186页。

[4] 《嘉奖陆荣廷及桂省随同入粤将士令》，骆宝善、刘路生主编：《袁世凯全集》（第23卷），第364页。

[5] 龚寿昌：《国民党与进步党在广西的明争暗斗》，中国人民政治协商会议广西僮族自治区委员会、文史资料研究委员会编：《辛亥革命在广西》（下），第27页。

鸣岐为改变在广西的尴尬地位，向袁世凯政府建言将省会从南宁迁回桂林，引起了陆荣廷的反感[1]，最终被迫于1915年7月离桂[2]。继之，袁世凯又派遣心腹王祖同为广西巡按使，对陆荣廷进行监督，但最终更使陆、袁之间滋生芥蒂[3]。另一方面，袁世凯倚重龙济光而疏远陆荣廷，导致袁、陆的矛盾日益增长。1914年，袁世凯撤销了各省都督，改授将军名号。陆荣廷虽然被任命为耀武上将军，但与任广东督军的龙济光相比仍稍逊色。并且，在帝制筹备之际，袁世凯将龙济光册封为郡王，仅给予陆荣廷男爵之位，这又使得陆荣廷心生嫉恨。更为甚者，袁世凯挟持陆荣廷之子为人质，更使得陆荣廷产生了离异之心，最终在“护国战争”中与反袁的革命党人再度结盟[4]。

从某种意义上而言，中国西南边疆成为“护国战争”的策源地，与袁世凯始终难以将北洋势力的触角深入其间不无关系。事实上，袁世凯政府的统治仅为弱势独裁的性质。而陆荣廷自“迁省之争”所开启的“武人干政”模式，随后被

[1] 《申令广西省仍以桂林为省会》,《东方杂志》第12卷第7期，1915年7月，第8页。

[2] 《大总统批令》,《政府公报》第1248号第70册，1915年10月29日，第388—389页。

[3] 龚寿昌：《国民党与进步党在广西的明争暗斗》，中国人民政治协商会议广西僮族自治区委员会、文史资料研究委员会编：《辛亥革命在广西》(下)，第27页。

[4] 黄绍竑：《旧桂系的兴灭》，全国政协文史资料委员会编：《中华文史资料文库》(政治军事编·第一卷)，北京：中国文史出版社，1996年，第802页。

李宗仁、白崇禧等新桂系所继承，奠定了民国时期广西军阀与中央政府的关系。

广西“迁省之争”在民国元年的再兴，实为辛亥鼎革之际各派势力分化与重组的结果。广西的光复，使得清政府与广西地方官员的传统纽带随之断裂，袁世凯与军阀陆荣廷则构成了中央政府与广西地方关系的新要素。广西革命党人为同立宪派争夺在新立政府中的政治话语权，遂同都督陆荣廷建立起全新的合作基础，这无疑为革命党人重提“迁省南宁”奠定了有利的契机。至于“迁省南宁”的目标最终得以实现，主要得益于革命党人与陆荣廷、袁世凯之间的“政策联盟”。促使三者走向联合的最主要因素，是“迁省南宁”背后所涉及的共同政治利益，即革命党人谋求对广西政治话语权的控制、陆荣廷发展军阀势力的利益诉求，以及袁世凯政府在西南边疆统治地位的巩固。同时，“迁省之争”也折射出政治博弈之中“妥协”这一内在逻辑的重要性。陆荣廷“省会、都督驻南宁，六司留桂”的调停方案在一定程度上起到了平衡各方政治利益的作用，既满足了革命党人“迁省南宁”的愿望，又保留了立宪派在桂林的行政权，且迎合了袁世凯政府“军民分治”理念。“迁省之争”在各方“大妥协”下顺利落幕，也避免了光复初期的广西再度陷入军事冲突的困境。此外，自陆荣廷开始，桂系的崛起和壮大也使得广西在全国的地位迅速上升，从民国以前的西南边陲一隅，逐渐在民国各个时期的军事格局中，显得举足轻重。

值得注意的是，“迁省之争”亦是广西东南、西南的“白话区”新兴绅商势力的崛起，以及东北部、中部的“桂柳话区”传统官绅商势力的衰落在政治上的反映。近代以来，外省官绅商势力向广西的迁移，呈现出明显的区域性特征。其中，桂林、平远、庆远、柳州等桂北、桂中府县，多为外省传统官绅和两湖商人的移居之地，形成了“桂柳话区”（属于西南官话）。与之相对应的是，自北海、梧州、龙州、南宁先后开埠，粤省商人在南宁、龙州、梧州、浔州、郁州等西南、东南府县占据优势，形成了“白话区”[1]。在迁省一事上，各府临时议员出现了“桂柳话区”与“白话区”的明显分流，即主张“迁省南宁”者多数分布在桂南的南宁府、太平府、郁林府、浔州府，桂西的镇安府、思恩府、百色府，桂西北的泗城府等“白话区”，而反对“迁省南宁”者则隶属桂北的桂林府、柳州府、庆远府，以及桂东的平乐府等“桂柳话区”[2]。“迁省南宁”的结局使得广西的政治中心实现了由“桂柳话区”向“白话区”的转移。

[1] 徐松石：《粤江流域人民史》，王柏中主编：《西南边疆卷·六》，哈尔滨：黑龙江教育出版社，2015年，第153—154、187—204页。

[2] 《在南宁之广西省议会通电》，《时事新报》1912年4月26日，第2张，第1版。

## 上编·参考文献


一、档案

1. 中国第二历史档案馆编:《北洋政府档案》(121),北京:中国档案出版社,2010年

2. 黄彦等编著:《孙中山藏档选编》,北京:中华书局,1986年

二、资料汇编

1.《西藏研究》编辑部编:《民元藏事电稿·藏乱始末见闻记四种》,拉萨:西藏人民出版社,1982年

2. 汪钰孙编:《黎副总统书牍汇编》,台北:文海出版社,1988年

3. 易国干等编:《黎副总统政书》,台北:文海出版社,1971年

4. 任新建等编:《尹昌衡西征史料汇编》,成都:四川大学出版社,2011年

5. 经世文编社编:《民国经世文编》,台北:文海出版社,1966年

6. 桑兵主编:《各方致孙中山函电汇编》,北京:社会科学文献出版社,2012年

7. 张国淦:《辛亥革命史料》,上海:龙门联合书局,1958年

8. 黄季陆主编:《革命文献·第四十四辑·二次革命史料》,北京:中央文物供应社,1968年

9.《英国蓝皮书有关辛亥革命资料选译》(下),胡滨译,北京:中华书局,1984年

10. 中国社会科学院近代史研究所《近代史资料》编译室主编：《云南贵州辛亥革命资料》，北京：科学出版社，1959年

11. 中国社会科学院近代史所第三所编：《近代史资料》（总第21号），北京：科学出版社，1958年

## 三、文集、日记

1. 骆宝善、刘路生主编：《袁世凯全集》（第20卷），开封：河南大学出版社，2013年

2. 骆宝善、刘路生主编：《袁世凯全集》（第23卷），开封：河南大学出版社，2013年

3. 中国社会科学院近代史研究所中华民国史研究室等编：《孙中山全集》（第二卷），北京：中华书局，1982年

4. 尚明轩主编：《孙中山全集》（第六卷），北京：人民出版社，2015年

5. 莫世祥编：《马君武集》，武汉：华中师范大学出版社，1991年

6. 许恪儒整理：《许宝蘅日记》（二），北京：中华书局，2010年

7. 劳祖德整理：《郑孝胥日记》，北京：中华书局，1993年

## 四、报刊

1.《申报》（1912—1913）

2.《民立报》（1912）

3.《顺天时报》（1912）

4.《神州日报》（1912）

5.《时事新报》（1912）

6.《民权报》（1912）

7.《亚细亚日报》（1912）

8.《东方杂志》（1912、1915）

9.《大公报》（1912）

10.《新闻报》(1912)

11.《太平洋报》(1912)

12.《盛京时报》(1912)

13.《中华民报》(1912)

14.《天铎报》(1912)

15.《大自由报》(1912)

16.《中国日报》(1912)

17.《政治官报》(1911)

18.《新纪元报》(1912)

19.《民国新闻》(1912)

20.《政府公报》(1915)

**五、回忆录**

1. 马君武:《马君武自述》，合肥：安徽文艺出版社，2013年

2. 中国人民政治协商会议文史资料研究会编:《辛亥革命回忆录》(二)，北京：文史资料出版社，1981年

3. 中国人民政治协商会议文史资料研究会编:《辛亥革命回忆录》(七)，北京：文史资料出版社，1981年

4. 黄绍竑:《五十回忆——黄绍竑回忆录》，北京：东方出版社，2011年

5. 桂林市政协文史资料委员会编:《桂林文史资料》(第16辑)，桂林：漓江出版社，1991年

6. 全国政协文史资料委员会编:《中华文史资料文库》(政治军事编·第一卷)，北京：中国文史出版社，1996年

7. 中国人民政治协商会议广西僮族自治区委员会、文史资料研究委员会编:《辛亥革命在广西》(下)，南宁：广西僮族自治区人民出版社，1962年

8. 丘权政、杜春和选编:《辛亥革命史料选辑》(续编)，长沙：

湖南人民出版社，1983年

9. 存萃学社编:《辛亥革命资料汇辑》(三)，香港：大东图书公司，1980年

## 六、著作

1. 张声震主编:《壮族通史》，北京：民族出版社，1997年

2. 钟文典主编:《广西通史》，南宁：广西人民出版社，1999年

3. 王柏中主编:《西南边疆卷·六·粤江流域人民史》，哈尔滨：黑龙江教育出版社，2015年

中编

# 儿童与近代中国的“历史伟力”

## ——政治文化视野下的“儿童年”

1935年8月1日至1936年7月31日，南京国民政府在全国范围内兴起了一场以“启蒙儿童”和谋求“儿童福利”为主旨的“儿童年”运动。以“儿童年”举办为契机，知识界围绕儿童与父母、家庭、社会和国家之间的关系，以及儿童的健康、教育、救济、保障和慈善福利等话题展开了热烈的讨论，突破了“五四”时期“儿童的发现”之内涵。由于南京国民政府的主导和各界对于民族复兴的诉求，全国儿童读物展览会、教具玩具展览会、绘画展览会和义务教育等活动被赋予了政党的意志和国难的色彩。民族复兴思潮下启蒙与动员的双重性质，决定了此间仍是“儿童本位”与“国家本位”并行不悖的儿童教育理念。然而，随着抗战的全面爆发，儿童教育终究难以摆脱“救亡压倒启蒙”的时代困局。

在各项仪式演练中，南京国民政府采取“政党符号”“总理遗嘱”“官员训话”“党义教育”等形式对儿童进行规训。若将“儿童年”纳入政治文化视野下进行考察，则可窥见国难、启蒙与政党话语之间的复杂纠葛，这包括国难教育与国民党政党话语运用的关系、民族复兴思潮对启蒙教育的冲击，以及政党意志的过度干预对儿童启蒙造成的破坏等内涵。

与此同时，南京国民政府借助全国儿童读物展览会举办之机，对“五四”以来所出版的儿童读物进行了大规模的审查，并将各界围绕儿童读物编写原则等问题的讨论推向了高潮。知识精英在儿童读物编写理念上的论争，隐喻了全面抗战前夕在“如何复兴民族”命题上，“新学”与“旧学”两派的分歧、“西化派”和“文化本位派”的调和，以及“三民主义”话语与左翼话语的较量，借此可以窥见此间的儿童读本在“五四儿童文学”与“战时儿童文学”之间“承上启下”的特殊意义。

值得注意的是，此间儿童文学界围绕儿童读物中应否使用“鸟言兽语”的激烈论争。论战内容涉及“鸟言兽语”概念的阐释、童话价值的重估，以及儿童读物的取材标准等问题。经过论战，一方面，儿童文学教育界普遍认为，“鸟言兽语”在儿童读物中具有合理性，但要注意谨慎取材。另一方面，随着国难的加深，儿童本位的审美教育，最终让位于民族复兴旗帜下的民族国家本位教育。

## 第一节

# 国难下的启蒙："儿童年"与儿童教育

1935年8月1日至1936年7月31日，在民族复兴思潮的推动下，南京国民政府为呼唤社会各界关注儿童事业，以举办全国性"儿童年"的形式，在全国范围内兴起一场儿童启蒙和儿童福利运动。在"儿童年"期间，知识界围绕儿童养育、儿童教育、儿童救济、儿童慈善、儿童福利等问题展开了多方讨论。本节拟考察"儿童年"期间关于儿童教育的相关讨论和实践，分析启蒙话语、国难色彩、政党意志对儿童教育的渗透，以期突破以往学界对儿童史研究的平面化取向。

### 一、报刊媒介与儿童教育问题的讨论

"五四"启蒙运动对"儿童的发现"赋予了儿童"独立的

生命”和“个性的主体”以全新价值，开启了尊重、爱护、教育及研究儿童的先声。在这个意义上，知识精英不仅尝试着将儿童从“家庭私有物”的身份束缚中解放出来，给予他们作为独立个体的身份体认，并且努力转变晚清时期将儿童定格为“成人初级阶段”的观念，还原儿童区别于成人的个性特征。这种区别于传统的认识，主要来源于自欧美舶来之经验。知识精英通过翻译和考察等方式，将欧美诸多关于培养“现代儿童”的理念引入中国，如科学育儿观的贯彻、儿童文学的翻译和创作、托儿所等儿童福利机构的设置、慈幼组织的成立以及儿童节日的庆祝等。其中，1918年至1919年美国开创的世界第一个“儿童年”的经验便在20世纪30年代初期传入中国[1]。

以中华慈幼协会为代表的儿童福利事业的倡导者，从儿童之于中华民族复兴的意义角度出发，向南京国民政府提出倡议，希望通过举办一场全国性的“儿童年”，唤起社会各界对儿童地位的认识以及对儿童教养问题的重视[2]。南京国民政府接受了中华慈幼协会的建议，一方面，要求上海先行于1934年试办市级的“儿童年”，为其向全国推广提供经验和借鉴，另一方面，将全国性的“儿童年”运动定于1935年的8月1日到1936年7月31日举行，并召集教育部、实业部、

[1] 陈征帆:《美国儿童年概述》,《现代父母》1935年第3卷第6期，第46—48页。

[2] 孔祥熙:《儿童年开幕日敬告国人——孔祥熙在中央广播电台讲演》,《中央日报》1935年8月1日，第3张，第4版。

中央党部等政府部门的官员以及中华慈幼协会成员代表负责相关的筹备事宜[1]，以期唤起“全国民众注意儿童事业……负慈幼之责任……并使全国儿童明瞭自身所处之地位，而奋发振作，努力向上”[2]。

实际上，知识精英关于如何培养儿童的讨论和实践，第一个热潮应追溯至“五四”时期儿童的价值被发掘之际。其中，科学育儿知识主要借助报刊进行宣传，如《妇女杂志》开辟了科学育儿的专栏，介绍了西方关于母乳喂养、婴儿睡眠、常见疾病治疗等科学知识，以期塑造健康的儿童和训练新母亲[3]；周作人和鲁迅等作家以“儿童本位”的观念，对西方儿童文学进行翻译和创作[4]。至于20世纪30年代初期兴起的一场关于“鸟言兽语”题材应否进入儿童文学的论争，表面上看，此为围绕儿童读物的编选、主旨、选材、问题、语体以及内容等方面展开的论争，但就实质而言，涉及的则是关于启蒙儿童策略的分歧。1935—1936年间，南京国民政府举办“儿童年”这一动员令的发布，恰可为再次掀起儿童启

[1] 《民国二十四年为中国儿童年》，《申报》1934年11月29日，第3张，第11版。

[2] 全国儿童年实施委员会：《全国儿童年实施委员会总报告》，北京大学图书馆特藏阅览室藏，1936年，第1页。

[3] ［韩］迟贤淑著，赵吉译：《〈妇女杂志〉（1915—1931）中出现的有关儿童的论说——与〈新女性〉（日帝治下的朝鲜）比较》，“中央研究院”近代史研究所：《近代中国妇女史研究》2004年第12期，第257—275页。

[4] 王泉根：《“五四”与中国儿童文学的现代转型》，《中国现代文学研究丛刊》1997年第1期，第169—180页。

蒙运动的高潮提供了契机。知识精英动员养育儿童的父母、作为儿童成长的场所即家庭和社会，以及应对儿童负起责任的国家，共同投身到儿童事业中来。其中，儿童教育作为培养健全儿童的核心问题，成为知识界重点讨论的对象。

关于“儿童与父母关系”的论述，知识界不仅突破了传统文化中将母亲视为“家庭儿童教育”唯一承担者的认识，亦超越了“五四”以来提倡科学养育的范畴。其一，讨论者认为，在提倡“贤母良妻”的同时，“贤夫良夫”亦为不容忽视的要素，即父亲应当弥补在儿童教育中角色的缺失，与母亲共同肩负起教育儿童的责任[1]。陈际云为儿童父母推荐了50本相关书籍，包含儿童学、父母学理论和西方儿童家庭教育经验等内容[2]。梁士杰倡导将“父母教育”编入学校课程，并在全国各学校设置父母教育研究会和训练班，以便家长之间相互学习和探讨[3]。其二，有作者撰文提醒，父母除了指导儿童养成卫生习惯和锻炼身体外，还须特别留意儿童心智的健全。祥坤着重批判体罚对孩子自信心和自尊心的摧残，以及在儿童顽劣性格形成中的负面影响，建议家长宜采用平等、

[1] 志敏：《再论新贤妻良母》，《中央日报》1935年9月4日，第3张，第2版。

[2] 陈际云：《儿童年中父母们应读的五十本好书》，《现代父母》1935年第3卷第6期，第71—72页。

[3] 梁士杰：《由儿童年说到父母教育》，《家庭周刊》1935年第乙种第93期，第15—16页。

鼓励的方式引导儿童改正缺点[1]。芮秀芝建议父母要遵循儿童天然发育的秩序，不可凭私欲和偏见去扼杀儿童的天性[2]。瑞英和静元推荐父母通过选择适合儿童的读物或言传身教的方式，培养儿童诚实守信的美德、爱国的思想和不畏艰难的气魄[3]。朱有渔则提出，旅游和闲散是家长指导儿童认识自然和社会的良机，可助儿童兼收身体健康和知识增长之效[4]。

关于“儿童与家庭关系”的讨论，“五四”时期，知识文化人着重批判旧式家庭对儿童价值的忽视，呼唤将儿童从家庭中解放出来，进而将教养儿童的任务从家庭转向社会，出现了“儿童公育”的论调，即儿童不再在家庭中抚养，而完全由公立机构如托儿所等承担教育儿童的工作[5]。这种将儿童与家庭纽带的断裂，实际上忽视了儿童对亲情的心理诉求。20世纪30年代初已开始了对“儿童公育”观的检讨，如潘光旦批判道，若完全由托儿所承担养育儿童的任务，则将阻碍儿童健全身心的发展，故劝导有经济能力特别是受过高等教

[1] 祥坤：《怎样责罚小孩子？》，《大公报》1935年10月24日，第3张，第12版。

[2] 芮秀芝：《父母如何教育儿童？》，《中央日报》1936年4月5日，第3张，第3版。

[3] 静元：《新儿童与新母亲》，《中央日报》1935年7月7日，第3张，第2版；瑞英：《关于儿童读物》，《中央日报》1935年8月15日，第3张，第3版。

[4] 朱友渔：《儿童年的感想（八）：父母应引导儿童娱乐》，《现代父母》1935年第3卷第6期，第31—32页。

[5] 赵妍杰：《不独子其子：五四前后关于儿童公育的争论》，《社会科学研究》2015年第5期，第186—193页。

育的父母亲自承担起教育儿童的责任[1]。到“儿童年”期间，教育界的精英们除了继续否定传统家庭对儿童的垄断外，还进一步对“五四”以来家庭在儿童教育中角色的抽离进行反思，强调家庭在儿童成长中的特殊意义。如陈选善指出，大部分儿童在5岁前完全生活在家庭中，即使进入学校后，多半时间也在父母的影响下生活，故而家庭环境的优劣是儿童能否健康成长的关键所在[2]。为避免儿童在家庭中受到不良观念的影响，马星九着重反对在家庭中祭拜神像、吸烟饮酒和聚众开赌[3]。

关于“儿童与学校关系”的阐述，热心儿童事业的教育者主要着眼于传统师生角色的转变、教材内容的改良，以及书本学习与课外实践的结合。其一，他们检讨了传统书塾教育和近代蒙学教育中“以教师为本位”的弊端，倡导初等教育当“以儿童为本位”。默君劝导教师放下高居于上的姿态，不仅要深入“民间”，了解儿童的生活环境和社会对儿童教育的诉求，甚至要“变作儿童”，以儿童的思维方式融进他们的生活[4]。为调动儿童学习的积极性，朱佐廷建议教师改变

[1] 潘光旦：《潘光旦短评集》（下），北京：群言出版社，2014年，第662—663页。

[2] 陈选善：《儿童年与父母教育》，《学校生活》1935年第119—120期，第19—20页。

[3] 马星九：《年节期中家庭应废除的几件事》，《大公报》1936年1月4日，第2张，第8版。

[4] 默君：《儿童年告小学教师》，《中央日报》1935年8月8日，第3张，第2版。

以往向儿童“填鸭式”灌输的枯燥方式，而要采用生动活泼的语言吸引儿童听讲，并分析每个儿童的个性特征，以便因材施教[1]。其二，教育学家普遍认为，在儿童读物的编写中，应避免枯燥乏味的说教，增添丰富、鲜活且合乎儿童阶段特征的素材。吴研因建议将自然故事、生活故事、历史故事、笑话、传说、寓言等材料，均纳入陶冶儿童德性和开阔儿童视野的范畴之内[2]。为提高儿童对纷繁知识的吸收效率，徐阶平提倡教材内容的安排要按照由具体到抽象、由心理到伦理、由旧观念到新事实的逻辑，循序渐进[3]。吴增芥则建议教材编写者要从生活中取材，以提高儿童学习的兴趣[4]。其三，在研究者看来，学习与实践之间具有密切的联系，二者绝不能偏废其一。吴研因认为除了文化知识的学习以外，在课外实践中，儿童不仅要积极参加团体作业，培养创造力、合作精神和领导才能，还要实行自治，以磨炼自强自立的意志[5]。

关于“儿童与社会关系”的论述，知识分子侧重于社会对儿童教育事业的义务性，以及作为家庭和学校教育的辅佐

[1] 朱佐廷：《儿童年教师应有的反省》，《中央日报》1935年8月1日，第3张，第2版。

[2] 吴研因、吴增芥：《小学教材研究》，上海：商务印书馆，1935年，第15—23、108—128页。

[3] 徐阶平：《小学教材支配的八大原则》，《中央日报》1936年1月23日，第3张，第2版。

[4] 吴增芥：《明日之小学教科书》，《大公报》1936年1月30日，第3张，第10版。

[5] 吴研因、吴增芥：《初等教育概论》，上海：中华书局，1934年，第76—93页。

功用。其一，倡导者呼吁，义不容辞地支持儿童教育诸项事业的建设，应当成为全体国民的共识。蔡元培纠正了社会“爱幼怜弱”的恻隐心理，认为新时代的慈幼事业是践行国民基本的责任[1]。周莹呼唤有能力者都应主动为儿童捐款助学[2]。朱泽甫建议采用强迫的措施，动员社会人士投身初等教育，即由每一联保的富绅筹建一所简易小学，甚至可对不遵照者予以严厉处分[3]。其二，论说者主张，社会教育实际上须作为家庭和学校教育的补充和延伸。储衡建议，托儿所应协助无暇照顾子女的父母，接管教育儿童的任务，工厂则应设置工人子弟学校，以解决贫困员工的子女就学问题[4]。至于因身心不健全而难以正常就学或被家庭抛弃的儿童，邵鸣九呼唤社会设立盲哑儿收容所、残废儿收容所、低能儿收容所、精神衰弱儿收容所、流浪少年收容所、感化院等机构进行保护[5]。高迈则进一步指出，应成立相关的研究机关，并建立聋、哑、

---

[1] 蔡元培：《慈幼的新意义》，高平叔编：《蔡元培教育论集》，长沙：湖南教育出版社，1987年，第584—585页。

[2] 周莹：《儿童年·儿童幸福与学校教育》，《学校生活》1935年第123期，第10—11页。

[3] 朱泽甫：《儿童年与义务教育》，《安徽教育辅导旬刊》1935年第1卷第9期，第1—6页。

[4] 储衡：《从儿童年联想到贫苦儿童的幸福》，《现代父母》1935年第3卷第6期，第61—64页。

[5] 邵鸣九：《儿童年与儿童保护》，《学校生活》1935年第119—120期，第21—25页。

盲学校，对此类儿童“施以特别教育，化无用为有用”[1]。

关于“儿童与国家关系”的论述，各方讨论者不仅强调儿童“国民”之身份的“现时性”，还将教育儿童与国家、民族的未来相联系。其一，与晚清时期将儿童视为“缩小的成人”不同，在权利与义务方面，参与论说的各界人士均将儿童与成人同视为“现时的国民”。王世杰强调儿童是全体国民的重要一员，同样享有教育的权利，故国家对于未能在家庭中接受教养的儿童，应弥补其缺失[2]。其中，增加教育经费的投入、增设学校和学额、优化师资为关键的措施。吴研因指出，儿童教育经费历来处于政府财政支出的边缘地位，要求中央增加对儿童教育的投入[3]。朱泽甫建议将投资儿童教育的多寡，列入各级政府的考成[4]。为保证在短时间内让更多的儿童就学，王念洙提出，政府应在人数较少的小学增加学额，而对于失学儿童尚多的区域，则设置短期小学，并兼施“巡回教育”等方法[5]。至于师资质量的提高，金篯仙认为政府应严格执行“师范毕业生任用规程”，进行教员的选择和淘汰，且通过提高教师的待遇，以保证教师在教学中尽心尽

[1] 高迈:《为幸福圈外的儿童请命》,《中央日报》1935年8月8日，第3张，第3版。

[2] 王世杰:《儿童年与儿童福利》,《教与学》1935年第1卷第3期，第1—6页。

[3] 吴研因:《儿童年与儿童教育》,《教与学》1935年第1卷第3期，第16—29页。

[4] 朱泽甫:《儿童年与义务教育》,《安徽教育辅导旬刊》1935年第1卷第9期，第1—6页。

[5] 王念洙:《儿童年里儿童教育者的中心工作》,《进修半月刊》1935年第5卷第4期，第4—9页。

责[1]。另外，儿童除了拥有受教育的权利外，还具有对社会奉献的义务，如陶行知动员儿童以“小先生”的身份，将学到的知识教给乡村和身边的人群，以践行“国家主人翁”的使命[2]。其二，在讨论者心中，儿童是否健全，关系到国家和民族的兴衰荣辱。黎昌受指出，儿童之于民族与国家，“就如维太命之于人身生命一样的重大”[3]。褚鸣皋也认为，儿童是国家未来的桥梁，“有了健全的儿童，才有健全的民族，健全的国家”[4]。吴铁城强调儿童是国家之“种”，故爱护和教养儿童是救亡图存和延续中华民族命脉的重要策略[5]。

“儿童年”期间关于儿童教育问题的论述，与“五四”以来相比有了相当的突破。首先，讨论的主导者从民间转向官方，扩大了参与的群体和媒介。“五四”时期，少数知识精英通过翻译的方式将西方的儿童理论传入中国。这种自发性使得论说的载体仅局限在个别报刊上，如在《妇女杂志》设置了儿童的专题，并且讨论的话题多为科学养育儿童的方法，以及儿童文学的翻译和书写。然而，“儿童年”期间，南京国民政府动员各大报刊开设儿童专栏以及鼓励儿童专刊的出

---

[1] 金笆仙：《儿童年的希望》，《学校生活》1935年第119—120期，第36—39页。

[2] 陶行知：《攻破普及教育之难关》，《陶行知、黄炎培、徐特立、陈鹤琴教育文选》，合肥：安徽教育出版社，1992年，第56—59页。

[3] 黎昌受：《一切为了儿童》，《中央日报》1935年8月8日，第3张，第3版。

[4] 褚鸣皋：《儿童的教养》，《中央日报》1935年8月18日，第3张，第2版。

[5] 吴铁城：《教养儿童与民族前途》，《申报》1936年4月4日，第4张，第15版。

“儿童年中社会给我们的福利”，《儿童晨报》1935年9月30日

版，为知识精英讨论儿童问题提供了一个良好的氛围和平台，论说的内容超越了儿童读物和健康卫生的内涵，儿童的科学教育则被提至空前的高度。其次，儿童价值得到了更深层次的挖掘。“五四”时期完成的是关于儿童从“家庭的私有物”到作为“独立的个人”观念的转型，“儿童年”强调的则是儿童从“家之私有物”到“国之公民”身份地位的变迁。随着儿童的健全与救国的使命相联系，家庭、学校、社会和国家都被整合到培养儿童的范畴中来。从表面上看，这是儿童与父母、儿童与家庭、儿童与社会以及儿童与国家的关系调整，实质上是知识界以儿童教育为媒介，尝试对国家各方力量在人才培养层面的全面动员。

## 二、全国儿童展览会：读物、玩具教具与绘画

在全国儿童年实施委员会的统领和各地儿童年实施委员会的配合下，全国儿童读物展览会、全国儿童玩具教具展览会和全国儿童绘画展览会相继开展，义务教育亦开始试行，分别从智育、娱乐、美育、义教等角度，彰显了多维的儿童教育理念。

侧重于为儿童智力发展提供优质养料的，是1936年1月30日至2月5日在南京市举办的全国儿童读物展览会。读展的举行是借为儿童提供一场文化盛宴之机，对全国范围内现

有的儿童出版物进行统一的审核，实质上是儿童读物的改良运动[1]。各省市县将国内外出版的小学教科书和儿童课外读物送至南京，共计2818种，13908册。其中，国内的占主要部分，达2577种，13413册[2]。会场设七大展览室，含补充读物类、教科书类、外国儿童读物及研究著作、社会流行类[3]。作为中国第一届全国性的读物展览会，吸引了众多的参观者，如开幕第一天就达4000余人[4]，且筹办方不得不将展期延长一日，以满足参观者的诉求[5]。除了参观者的阅读外，筹办方对所有读物评出“佳者”“可者”“有问题者”“不合格者”各级，并将书目名单和各读物的优劣问题汇成“儿童读物研究结果”，以供国人概览、专家研究和文坛参考[6]。展期结束后，读物展览会还走出了南京，前后至北平、福建等地开展“儿童读物巡回展览”[7]。

[1] 《全国儿童读物展览会》，全国儿童年实施委员会：《全国儿童年实施委员会总报告》，第107—109页。

[2] 《全国儿童读物展览会办法》，全国儿童年实施委员会：《全国儿童年实施委员会总报告》，第183、187—188页。

[3] 《全国儿童读物展览会》，全国儿童年实施委员会：《全国儿童年实施委员会总报告》，第188—191页。

[4] 《全国儿童读展揭幕》，《中央日报》1936年1月31日，第2张，第4版。

[5] 《儿童读展会闭幕》，《中央日报》1936年2月6日，第2张，第6版。

[6] 《评判统计》，全国儿童年实施委员会：《全国儿童年实施委员会总报告》，第179—207页。

[7] 《儿童读物巡回展览办法》，全国儿童年实施委员会：《全国儿童年实施委员会总报告》，第210页。

继读物展览会之后，1936年5月17日至5月29日，同在南京市举办的“全国儿童教具玩具展览会”，则着重于科学教法的宣传和示范。与读物展览会相似，该展览会也是通过对国内生产的教具和玩具进行全面核查，以谋求儿童教育和娱乐工具的生产和改善[1]。筹办方共征得国内外玩具和教具共8722件，其中国内的展品占绝大部分，计8330件，并分为国防类、单元设计类、音乐运动类、玩偶动物类、家具建筑装饰等类、交通类、教具类、国外参考类，陈设在八大展览室[2]。与读物展览会相比，该展览会更受欢迎，仅5月26日就接待了近8000名在校儿童，且将展期延迟了三日[3]。在此期间，专家分别对八大展览室的展品进行评审，与读物展览会仅提交读物的名单不同，筹办方还将所有展品拍摄成照片且刊印成册，以便全国各小学采购和制作之参考，并将部分展品保存在永久馆之中，以资国人观摩[4]。

随后，1936年6月6日至6月15日，全国儿童绘画展览会在继承前两场展览会的基础上，将举办地点从南京转移到

---

[1] 《筹备数月之教，玩具展览会开幕》,《中央日报》1936年5月17日，第2张，第4版。

[2] 《全国儿童教具玩具展览会实施办法大纲》，全国儿童年实施委员会:《全国儿童年实施委员会总报告》，第243、251页。

[3] 《教、玩具展会昨晨升旗剪裁后全场开放观众踊跃》,《中央日报》1936年5月18日，第2张，第4版。

[4] 《全国儿童教具玩具展览会评判办法》，全国儿童年实施委员会:《全国儿童年实施委员会总报告》，第273—274页。

上海。该展览会与前两届会展附带“审查”性质不同，一方面是为了启发儿童的艺术兴趣，培养儿童的审美本能并发挥儿童的创作天性，另一方面则是促进知识界对儿童艺术的研究，以改进儿童美学教育。筹办方向全国儿童和作家征得画作共50000余件，其中儿童作品占30000件[1]，并将入选作品配以艺教类文章汇总，以供行政当局参考及全国人士研究。关于绘画展览会的特色，除了儿童和作家的画作同台展出外[2]，儿童现场作画成为最大的亮点，甚至僻处边疆的察哈尔儿童亦不远千里而来[3]。一位亲临会场的观众对儿童“对客挥毫”的气势，深为赞叹[4]。

与三大展览会主要面向城市的在校儿童明显不同，“儿童年”中实行的义务教育计划，则将受益的目标投向失学儿童。其一，关于实行的步骤，教育部拟分“三步走”，使全国6至12岁的学龄儿童，分别于1935年8月至1940年7月、1940年8月至1944年7月、自1944年8月始三个阶段，逐步接受一年制、二年制和四年制的义务教育[5]。其二，至于实行的策

[1] 《全国儿童绘画展览会办法大纲》《征集出品细则》《征集作家作品办法》，全国儿童年实施委员会：《全国儿童年实施委员会总报告》，第276、191、282—288页。

[2] 《评判委员会简则》《出品评判标准》，全国儿童年实施委员会：《全国儿童年实施委员会总报告》，第287—288、293—295页。

[3] 胡叔异：《全国儿童绘画展览会筹备经过》，《申报》1936年6月6日，第5张，第14版。

[4] 《全国儿童画展昨日闭幕》，《申报》1936年6月16日，第4张，第14版。

[5] 《教育部实施义务教育暂行办法大纲（1935年5月28日）》，中国第二历史档案

略，为最大限度地增加就学儿童数，教育部配合采用小学区、二部制、改良私塾、巡回教育多种方法。为让父母配合义务教育，教育部采取“强迫入学”和“缓学免学”的政策，即除生病的儿童外，有不按时入学者，则对其父母进行劝导甚至罚款。其三是师资和校舍的配备。教育部在省立或县立的初高级中学及师范学校内广设短期小学师资训练班，集中培养合格的初等教育者。另外，为节省办学时间，短期小学大多利用当地原有的公所、祠庙等房屋，或租借用民房，或暂建简单之棚舍[1]。其四是办学经费的提供，兼由地方自筹和国家拨发。其中国家的投入为主要部分，并派遣专员亲临视察，以保证各省市经费的切实筹用[2]。

“儿童年”间的儿童教育实践，是从数量和质量层面双管齐下，侧重于儿童就学率的增加和儿童教育成效的提升。具言之，不仅要保证儿童受教育的权利，还要通过读物、玩具、绘画等教育方式对儿童进行启蒙，促进儿童智能的发展、实践能力的增进、审美的提升，以培养“真善美”的健全儿童。然而，由于“儿童年”是在南京国民政府主导下开展的一场儿童运动，各项儿童教育活动在一定程度上彰显了国民党的理念和意志。

---

馆编：《中华民国史档案资料汇编》第5辑第1编，教育（一），第609—610页。

[1] 《教育部实施义务教育暂行办法大纲施行细则》，中国第二历史档案馆编：《中华民国史档案资料汇编》第5辑第1编，教育（一），第624—630页。

[2] 《各省市实施义教状况》，《中央日报》1935年9月29日，第2张，第4版。

南京国民政府对这场儿童启蒙运动的干预主要体现在对“儿童年”的定位、筹办和监督上。首先，孙中山被南京国民政府推崇为“儿童年”的精神领袖。蒋介石在“儿童年训令”中着重强调，“儿童年”的举办是为了实现孙中山关于“励行普及儿童本位教育”的遗嘱[1]。特别是“儿童年”的开幕，是在儿童代表谒见中山陵和诵读孙中山遗嘱中开始启动[2]。并且，“儿童要负起实现‘三民主义’的责任”等口号也贯穿了整个“儿童年”的进行过程[3]。其次，在筹办“儿童年”的各级机构中，国民党党部建立了一套从中央至地方的指导和监督系统。中央党部和地方党部分别对全国和各省市的儿童年实施委员会所起的作用，主要表现在人员安排和职权分配两个方面。如全国儿童年实施委员会的委员，除了部分通过外聘以外，大部分是从中央党部和各政府机关派遣的官员。在“儿童年”各项具体活动的筹备中，各级党部代表皆要列席相应级别的会议，并对一切儿童幸福活动的形式和内容提出指导和建议。尤其是各级党部还充当监督和纠偏的角色，当发现委员会出现违反党义的行动时，可当场驳斥和纠正，或直

[1] 《国民政府训令第六〇七号》，全国儿童年实施委员会：《全国儿童年实施委员会总报告》，1936年，第144页。

[2] 《全国儿童年开幕典礼》，全国儿童年实施委员会：《全国儿童年实施委员会总报告》，1936年，第147—169页。

[3] 《京市小学生慰问贫苦儿童办法》，《中央日报》1936年3月23日，第2张，第3版。

接呈请上级党部和上级儿童年实施委员会给予制止[1]。党部在儿童年实施委员会中举足轻重的地位，使得“儿童年”中的各项活动在倡导和实施的过程中，难免被纳入政党教育和政治宣传的范畴。

其一是“党义教育”在义务教育中间的完全渗透。1928年，“三民主义”开始进入小学的课程，但仍强调在培养儿童国民基本知识和技术的过程中，要依据儿童身心发育的特征[2]。到1931年，国民政府则规定使整个儿童身心完全融于“三民主义”的教育之中[3]。“儿童年”期间，国民政府进一步提出要求，不仅将“三民主义”完全灌输到全部课程的学习中，还要深入到在校儿童的全部生活之中。如在“总理纪念周”和各种纪念日的集会中，教员应因时制宜地讲授“三民主义”，甚至还要通过监督儿童在课外所阅读的刊物、交友的对象、表达的言论，考察其对于国民党的态度和“三民主义”的理解程度。并且，为保证小学教育不偏离“三民主义”教育的方向，南京国民政府除了对录取的教员进行严格的政审外，还定期对在校的教员进行政治考核，要求教员必须认

[1] 《党部协助各地方儿童年实施办法大纲》，全国儿童年实施委员会：《全国儿童年实施委员会总报告》，1936年，第10页。

[2] 宋积琏：《小学教育宗旨及目标之研究》（上），《中央日报》1935年12月19日，第3张，第2版。

[3] 《国民党中央执行委员会检送〈三民主义教育实施原则〉致国民政府公函》，中国第二历史档案馆编：《中华民国史档案资料汇编》第5辑第1编，教育（二），南京：凤凰出版社，2010年，第1031—1033页。

真精研总理遗教、国民党重要宣言和决策案以及国民党先进的言论和著述，做好学生之表率[1]。

其二是“公民训练”在小学教育中的进一步施行。“小学公民训练”是在各级党部的指导下，由教师从衣、食、住、行以及思想教育各方面，对儿童进行训练，目标在于造就与中国政治目标相适合的公民[2]。训练的主要内容包括卫生健康习惯的养成、优良德性的熏陶、政党意识的灌输和民族精神的培养等，超越了南京国民政府建立之初关于儿童国民知识学习的内涵[3]。1928年的小学章程规定侧重培养儿童基本的国民知识和技术，故开设了《民权初步》等课程。从1933年起，随着教育部将党义纳入其他的科目，“公民训练”成为独立的学科[4]。到了“儿童年”期间，“公民训练”从辅助学科上升到小学的四大科目之一，且对儿童进行训练的时间依照年级而增长。对于一年制短期小学的儿童，每日施行10分钟的训练，二年制短期小学则增长到每周60分钟，且着重对儿童进

[1] 《修正中等学校训育主任公民教员工作大纲》，中国第二历史档案馆编：《中华民国史档案资料汇编》第5辑第1编，教育（二），第1105—1107页。

[2] 《实施公民训练》，《中央党务月刊》1935年第80期，第467—468页。

[3] 何思翰：《教育统制与小学公民训练》，《大上海教育月刊》1935年第2卷第2—3期，第99—103页。

[4] 《国民政府文官处与国民党中央秘书处等单位关于中小学党义课程归并各科改称“公民”课程的往来文件》，中国第二历史档案馆编：《中华民国史档案资料汇编》第5辑第1编，教育（二），第1090—1096页。

行逐个的训导[1]。在某种意义上，小学教育中党义教育和“公民训练”的增强，是南京国民政府对儿童的教育统制，不仅为了加强其统治的合法性，亦努力将儿童纳入国民政府“未来接班人”的队伍中来。

此外，国民党党义的精神也成为全国儿童读物展览会的重要评判标准之一。读物展览会的评审会明确表示，在内容上，优良的儿童读物除了适合国情需要和儿童学习程度外，尤其不得背离党义[2]。根据这项规定，读物展览会展开了对于国内各官方教育机关和私人出版机构所出版的小学教科书和儿童课外读物的审查，不仅涉及正在市面流行或在小学中使用的儿童读物，还包括已经退出市场或已在教育界失效的儿童教科书，甚至还波及了从国外引进的相关儿童书籍[3]。难以避免的是，政党意志对儿童读物出版界的干预，在一定程度上破坏了儿童读物本身的审美性和启蒙价值。

值得注意的是，除了南京国民政府借用在“儿童年”中的主导权，对儿童教育事业进行干预外，民族危机的日益紧迫也使得各项儿童教育活动不同程度地染上了国难的色彩。

全国儿童读物展览会的举办，侧重儿童读物的改良，尤

[1] 《二年制短期小学课程标准总纲》，中国第二历史档案馆编：《中华民国史档案资料汇编》第5辑第1编，教育（一），第640—641页。

[2] 《儿童读展昨第二日》，《中央日报》1936年2月1日，第2张，第4版。

[3] 《全国儿童读物展览会办法》，全国儿童年实施委员会：《全国儿童年实施委员会总报告》，1936年，第183页。

其是增加民族复兴的元素。其一是强调儿童读物应有利于激发儿童的民族情感。随着国难的迫近，据读物评审会的调查，国内目前出版的儿童读物大多缺乏适合国难期间之教材和发扬中国固有能力之材料，不足以激发民气。作为儿童启蒙的主要媒介之一的儿童读物，务必与救亡图存的主题相接轨[1]。其二是如何通过儿童读物的改良启蒙国难中的儿童。一是读物应具有反映时代精神、中国的国际地位等内容，让儿童在潜移默化中开阔视野[2]；二是在读物中增加有关中国优秀文化和民族英雄等题材，以培养儿童的民族意识和自信力[3]；三是呼唤政府和私人的出版机构，尽量采用国产的纸质材料，以达激发儿童的爱国之效[4]。

国难色彩除了进入传统的阅读方式外，还通过玩具深入儿童的娱乐生活中。全国儿童教具玩具展览会强调，不仅应将战争和国防意识通过玩具传递给儿童，还应将玩具的生产纳入民族经济竞争的范畴。其一，玩具之于儿童，主要在于唤起尚武的精神。筹办方在玩具的分类上特意将“国防用具

[1] 《评判意见》，全国儿童年实施委员会:《全国儿童年实施委员会总报告》，1936年，第206—207页。

[2] 《参观人评论一斑》，全国儿童年实施委员会:《全国儿童年实施委员会总报告》，1936年，第241—243页。

[3] 唐健飞:《关于儿童读物的我见》，全国儿童年实施委员会:《全国儿童年实施委员会总报告》，1936年，第213—215页。

[4] 《评判意见》，全国儿童年实施委员会:《全国儿童年实施委员会总报告》，1936年，第206—207页。

类”突出[1]，且对玩具的评判，尤其强调“反映战争主题”和“采用国产原料”这两大标准[2]。在展览会期间，展示国防类玩具的第一展览室最受参观者青睐，特别是多数儿童争先恐后，颇为留恋[3]。其二，玩具之于生产商和销售商，则涉及国内外经济市场的争夺。据静竹分析，由于外国玩具对市场的占据，使得国产玩具难有销路甚至破产[4]。因此，全国儿童玩具展览会号召生产商和学校，对外国和其他优良的产品多加参考，创制或仿制新式的玩具，并有组织地向全国甚至国外推广，与世界各国相争衡[5]。

除了读物和玩具，战争的气息也通过绘画展览和儿童现场作画两种方式向儿童传播。其一是动员儿童通过欣赏或创作，保持对战争时代的清醒认识。全国儿童绘画展览会在对儿童递交的画作进行择优参展时，对于有关战争主题的作品尤为赞赏和推荐。亲临会场的汪亚尘深受感染并赞叹，诸多儿童画作将“军事上的用件，例如飞机、战舰、机关枪、大刀等，当作无上的好题材”，体现了“我胜人败，我存仇亡”

---

[1] 《儿童玩具选择标准及分类方法》，《中央日报》1936年5月17日，第2张，第4版。

[2] 《儿童教玩具展览会办法》，《中央日报》1936年5月17日，第2张，第4版。

[3] 《教、玩具展会昨晨升旗剪裁后全场开放观众踊跃》，《中央日报》1936年5月18日，第2张，第4版。

[4] 静竹：《儿童年中儿童玩具问题》，《大公报》1935年10月8日，第3张，第12版。

[5] 全国儿童年实施委员会：《举行全国儿童教具玩具展览会的旨趣》，《中央日报》1936年5月17日，第2张，第4版。

“全国儿童绘画展览会”，《儿童晨报》1935年8月1日

的画境，故提倡将这种“爱国的热情，加以培养，使其充分地发展”[1]。其二是通过展示关于“美与爱”主题的作品，启发儿童对侵略的控诉以及为未来和平时代而奋斗。据蒋建白观察，该类作品为儿童受到“美”的熏陶提供了良好的机会，特别是学会欣赏宇宙间的美和接受美的陶镕，能够提高儿童的品格，养成高尚的民族精神[2]。

## 三、民族复兴思潮下的启蒙教育和抗战动员

国家和社会各界针对儿童教育问题的讨论和实践，使得“儿童年”成为继“五四”以后又一次的儿童启蒙运动高潮。然而，其间的各项努力虽取得了一定的成绩，但也存在着诸多的不足。活动成效的有限性，源于在民族复兴思潮的刺激下，南京国民政府以启蒙为外在旗帜，动员儿童作为“现时的国民”投身到抗战队伍中间，以实现全民族、各阶层动员的目标。

若从成效的积极方面看，“儿童年”不仅提高了初等教育的办学成绩，还在一定程度上唤起了民众对儿童教育的关注。其一，倡议已久的义务教育在“儿童年”间真正付诸了实践，

---

[1] 汪亚尘：《对于全国儿童绘画展览会的感想》，《中央日报》1935年6月6日，第3张，第1版；《申报》1935年6月6日。

[2] 蒋建白：《儿童与艺术》，《现代父母》1936年第4卷第5期，第11—12页。

使得学校和受教儿童的数量均获得了增长。据统计，至1936年底，小学的总数达到318633所，比1929年增加了10万余所，比“儿童年”前夕的1934年增加了近6万所，受教儿童的数量则比1929年增加了1000万人，比1934年增加了500万人次[1]。其二,三大展览会以直观的展品为儿童教育提供了借鉴。如读物展览会使“贫得可怜的儿童、家长以及简小、短小、私塾的师生们”大开眼界，他们期待筹办方“择优留充儿童图书馆之用，供儿童长久细读”。教具和玩具展览会的参观者也深受感染，呼唤会务“速将此项目录发表，指导学校、民众多加采购，以收宏效”[2]。绘画展览会提倡儿童以“我手绘我心”的理念，也引起了家长和教师对强制性的教育方式进行反思[3]。

然而，筹办方拟在短暂的一年内，将儿童教育所涉的诸多问题全部包揽，一蹴而就，实为不切实际，凸显出名目过繁、节奏过快、良莠不齐、分布不均等缺点。其一,三大展览会因筹备匆忙又挨次进行，故总体上质量不高。如读物展览会在征集和陈列时对展品不做鉴别，导致内容不切合儿童经验、文字不适合儿童口吻的读物甚多，甚至还有部分学校

---

[1] 《民国十八年度至二十七年度全国义务教育概况统计表（1929—1938）》，中国第二历史档案馆编:《中华民国史档案资料汇编》第5辑第1编，教育（一），第674—675页。

[2] 《参观人评论一斑》，全国儿童年实施委员会:《全国儿童年实施委员会总报告》，1936年，第275—276页。

[3] 俞寄凡:《儿童画之真谛》，《大公报》1936年6月6日，第3张，第12版。

临时准备抄本[1]。教具、玩具展览会过于拥挤，导致会场秩序自难整饬，观众亦难仔细观赏，参观者的兴趣和求知欲望未能满足[2]。绘画展览会原定为测试研究性质，绝无成绩考查或竞赛意义，但对儿童提交的作品进行择优展览、分级评奖等，已背离了测试研究的初衷[3]。

其二，义务教育的局限也颇为突出。一是受教儿童百分比不高。尽管1935年和1936年的儿童受教比是34.16%和41.53%，但离义务教育第一期80%的目标仍有很远的距离[4]。二是捐资助学力度不足。1935年和1936年社会捐助的小学仅有448390所和190085所，不及1931年至1933年[5]。三是师资培养成绩不佳。1935年和1936年仅培训84512名和87902名，皆少于1931年至1934年的历年培训数额[6]。四

[1] 《评判意见》，全国儿童年实施委员会：《全国儿童年实施委员会总报告》，1936年，第206—207页。

[2] 《参观人评论一斑》，全国儿童年实施委员会：《全国儿童年实施委员会总报告》，1936年，第275—276页。

[3] 《征品要点》，全国儿童年实施委员会：《全国儿童年实施委员会总报告》，1936年，第283—284页。

[4] 《民国十八年度至二十七年度全国义务教育概况统计表（1929—1938）》，中国第二历史档案馆编：《中华民国史档案资料汇编》第5辑第1编，教育（一），第674—675页。

[5] 《民国十八年度至二十六年度捐资兴学褒奖统计表（1938年）》，中国第二历史档案馆编：《中华民国史档案资料汇编》第5辑第1编，教育（一），第104—105页。

[6] 《民国十七学年度至二十六学年度全国师范学校学生数与毕业生数统计表（1928—1937）》，中国第二历史档案馆编：《中华民国史档案资料汇编》第5辑第1编，教育（一），第532—533页。

是校舍不足。有些短期小学实际上未能设法借用公产或民房，只附设在普通小学之内，致使校舍不敷应用。甚至有些人士反对设立短期小学，使教师和儿童无处立足。五为部分家长不配合。许多穷苦人家认为将能帮助看家或干活的儿童送去学校读书，会减少家里的劳动力。六为教学质量难以保证。在短期小学中，不同年龄和知识程度的儿童使用同样的教材，且仅有一年的学习时期，儿童往往只能浅尝辄止。此外，工作繁重、待遇菲薄、地位低下等因素也使得许多教师难以尽心尽责[1]。

其三，儿童教育的普及具有城乡之间、贫富之间、地域之间的差别，且“儿童年”所提倡的儿童教育观念未能真正深入人心。学术理想层面上的意义远超出了实践层面上的价值，突出表现为受益儿童群体的局限性。从儿童的参与度看，拥有全国儿童读物展览会参观资格的，仅是中国儿童群体中极少数的“幸运儿”。读物展览会在南京举办期间，筹办方仅安排首都在校的儿童前往观赏，其他的失学儿童如童工、流浪儿等尚未有机会享受这场“文化盛宴”[2]。尽管全国儿童读物展览会从南京闭幕后，依次至福建、北京等省市进行巡回展览，但依旧局限于少数经济较好城市中的在校儿童，大部分的内地城市以及广大乡村的儿童仍被排斥在福利的行列

[1] 殷名世：《短期小学的病征》，《中央日报》1935年2月6日，第3张，第2版。

[2] 《京市公私立小学参观儿童读展会日程》，《中央日报》1935年12月30日，第2张，第4版。

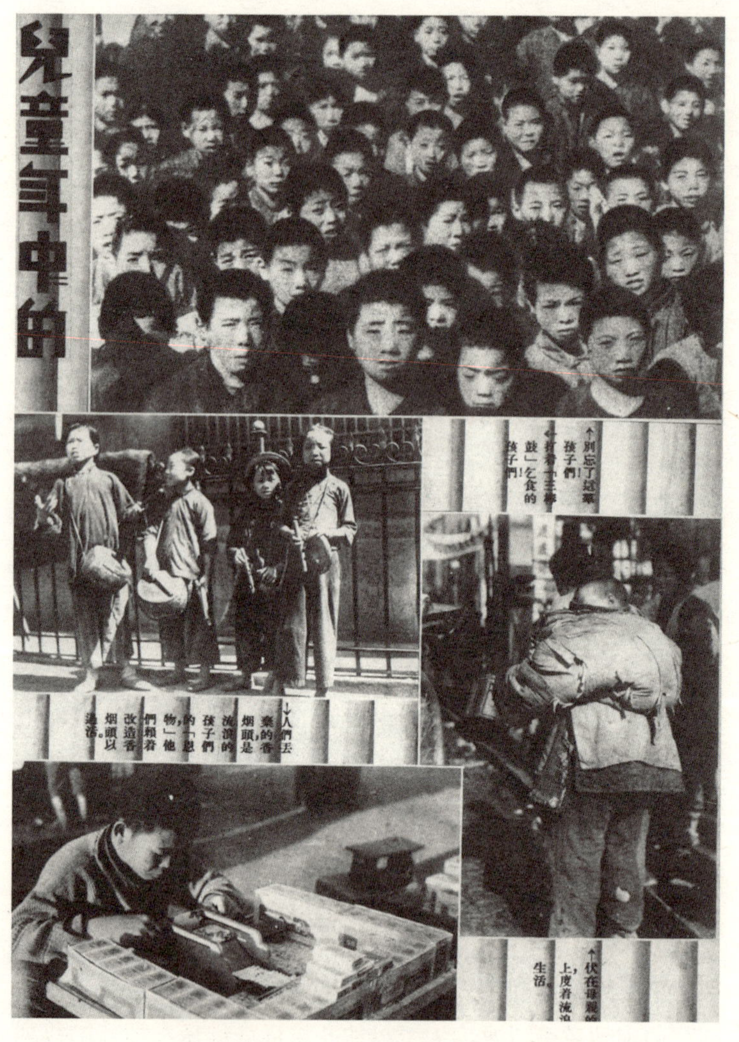


“儿童年中的流浪儿童”，《东方杂志》1935年第32卷，第7期

"儿童年中的流浪儿童"，《东方杂志》1935年第32卷，第7期

之外[1]。儿童读物的传播所呈现的这种阶层差异性和城乡差异性使得儿童读物之于儿童启蒙教育的意义亦仅停留在学术探讨的层面。况且，参与讨论者仍局限在南京、上海、福建等地热心儿童事业的知识精英和官员，尚未深入到全国的小学教育系统以及普通民众的心中。实行义务教育成绩相对突出的区域也集中在经济能力较佳的省市，如山东、山西、广东、广西、湖南、四川、上海等地，而西康、青海、宁夏、新疆等边省则成绩寥寥[2]。

可见，“儿童年”间的儿童教育活动更多的是流于形式主义。这源于政党意志的介入，将启蒙作为动员儿童参与抗战准备的一种策略。南京国民政府通过“儿童年”的儿童教育对儿童进行整合，实质上是全面抗战前夕将儿童纳入全面备战体系的尝试和努力。与期间的经济和军事备战相同，儿童教育被列入“人才备战”的重要环节之一。与此相似，国民政府在“妇女国货年”“妇女节”中，运用仪式政治，激励女性参与到抗战筹备的活动中间，这两者实际上呈现的是一脉相承的动员话语[3]。然而，政党的干预导致了儿童教育的目标

[1] 《儿童读物巡回展览办法》，全国儿童年实施委员会：《全国儿童年实施委员会总报告》，第210页。

[2] 《全国初等教育概况分省统计表（1936年）》，中国第二历史档案馆编：《中华民国史档案资料汇编》第5辑第1编，教育（一），第580—583页。

[3] 王强：《“摩登”与“爱国”——1934年“妇女国货年”运动述论》，《江苏社会科学》2007年第6期，第192—199页；任祖凤：《从上海的纪念活动（1924—1937）看我国多样的妇女节》，《中华文化论坛》2015年第8期，第111—117页。

与启蒙本身产生疏离，并逐渐向政治动员倾斜。从这个意义上讲，形式主义同时也是政治话语催生作用下的产物。

由于“儿童年”诞生于全面抗战爆发前夕民族复兴思潮逐渐高涨的特殊语境之下，其间的儿童教育理念仍呈现出“儿童本位”和“国家本位”并行不悖的时代特征。针对儿童教育应以何者为本位的命题，教育者存在着分歧。有论者将“儿童本位”与“个人主义”和“放任主义”的教育等同，认为在国难之际，“一切都应以国家为本位”。吴研因则坚持以儿童为本位，即以儿童为施教的主体，以客观的态度，根据儿童发育程序本身的需要，因材施教；在教育的目的上，儿童教育不仅是为了培养儿童自身的素质，也是挽救民族和国家的命运；在教育的内容上，儿童教育是要通过家长、教师和政党的引导，培养国难的意识和民族的精神[1]。在这个层面上，吴研因尝试打通“儿童本位”与“国家本位”的界限，将重视儿童价值和完成复兴国家的使命结合起来。“儿童年”间关于儿童教育的讨论以及各项儿童教育活动的开展，基本上也遵循了吴研因上述的儿童教育理念。

“儿童本位”与“国家本位”两种看似矛盾的教育理念，却在“儿童年”间实现了统一，体现为“启蒙教育”与“国难教育”的兼行。自“九一八”事变以来，民族危机渐趋加深，不断催化着各阶层对于民族复兴情感的诉求。故而，在

---

[1] 吴研因：《儿童年与儿童本位教育》，《教与学》1935年第1卷第3期，第16—29页。

“儿童年”中间，儿童被赋予了国家和民族“生力军”的角色。与此同时，儿童的启蒙教育则成为民族复兴的重要途径之一。换言之，“国难教育”与“启蒙教育”达成了目标上的一致，儿童教育肩负起了启蒙和救亡的双重任务。诚然，这种“合流”是暂时性的，随着国难程度的不断加深，二者之间的平衡关系必将被打破。“西安事变”的发生和全面抗战的爆发，民族矛盾空前激化，儿童教育中的启蒙性质在炮火下逐渐缩小了生存空间。国难话语的绝对突出以及政党话语的增强，使得儿童启蒙逐渐让位于后，最终难以摆脱近代中国“救亡压倒启蒙”的时代困局。

值得一提的是，国难下的儿童启蒙教育实际上并没有突破“五四”以来儿童一直所处的“被启蒙”“被教化”“被规训”“被动员”的角色局限。从儿童的身份归属层面看，“五四”是先将儿童从家庭中剥离，还原儿童作为独立个体的属性，并以儿童公育的形式，实现儿童的“社会化”；“儿童年”则在深化“五四”之于儿童启蒙的基础之上，进一步将儿童赋予“国家公民”的身份，并隐喻了以儿童“国家化”为目标的趋向。然而在实践过程中，儿童作为一个独立个体的价值始终处于被忽视的状态。实际上，无论是“五四”还是“儿童年”期间，儿童始终是由成人“代言”，被动地接受社会的“塑造”，无法实现自我的“发声”。更为甚者，在“儿童年”中，南京国民政府通过国家机器对儿童进行规训，开启了中国将政党话语伸向儿童教育的滥觞。

## 第二节

# 仪式演练："儿童年"与政党政治

本节拟从"儿童年"期间的仪式演练切入，探究南京国民政府如何引导各界参与儿童话题的讨论，儿童又是如何在各种仪式和训练中接受形塑，并挖掘"儿童年"与儿童启蒙、国民党的党化教育体系以及全面抗战爆发前夜这一特定时空的内在联系，进而揭示国难与政党话语、民族复兴与儿童教育、政党干预与儿童启蒙之间的复杂纠葛，以期将中国近代儿童史纳入政治文化视野下考察。

### 一、儿童福利事业的兴起

南京国民政府举办"儿童年"的理念，实际上源于20世纪重视儿童的国际热潮。在理论的宣传上，瑞典女性主义者爱伦·凯曾喊出了“十八世纪是人的世纪，十九世纪是妇女的世纪，二十世纪是儿童的世纪”的口号[1]。德国教育家哥尔利德则进一步指出，现代的大发现是“儿童之发现”[2]。在实践层面上，欧美国家和日本率先通过庆典的形式开启了为儿童谋福利的活动。如美国在1918年4月6日至1919年4月5日期间，举办了世界上第一个“儿童年”，从教育、健康、劳动等方面为儿童提供保障[3]。英国将每年的7月14日定为“儿童节”，并举行游艺会、讲演会、健康比赛会等活动。日本则在3月3日和5月5日的“女童节”和“男童节”中，分别对儿童施予家事活动的训练和军武精神的培养等[4]。南京国民政府认为“中国是世界的一部分，当全世界普遍地解放儿童重视儿童的时候，中国自然也同感需要，而且中国的需要更加严重而迫切”[5]。

然而，南京国民政府反观国内现状，发现中国的儿童仍处于严重的困境之中，有关儿童事业的成绩更是寥寥无几。尽管1927年在南京成立了中华儿童教育社，1928年在上海

---

[1] 《社评·新时代之新儿童——庆祝儿童年开幕》,《中央日报》1935年8月1日，第1张，第2版。

[2] 汪青云:《儿童年所启示我们的》,《湖北教育月刊》1935年第2卷第6—7期，第114—115页。

[3] 陈征帆:《美国儿童年概述》,《现代父母》1935年第3卷第6期，第46—48页。

[4] 徐朗秋:《儿童年之儿童节》,《国货月报》1934年第1卷第3期，第103—104页。

[5] 全国儿童年实施委员会:《儿童年宣言》,《江西地方教育》1935年第16期，第10—13页。

设立了中华慈幼协会，自1931年始每年4月4日举行“儿童节”庆典，并于1934年在上海试行“儿童年”，但总体看来收效甚微。

如潘光旦指出，上海“儿童年”与同时期的“妇女国货年”相似，仅是玩弄名目的文字游戏，实际下的功夫却微不足道[1]。亦有论者指责上海“儿童年”只是“挂着一块金字招牌”，依然鲜有人士真正去实践“救救孩子”的口号[2]。鲁迅则批评上海“儿童年”充斥着西洋的气息，缺乏激励儿童爱国思想的元素[3]。为此，南京国民政府计划以国家的名义组织一场全国性的儿童运动，并且在颁行的《儿童年宣言》中，明确指出了举办该活动之于复兴民族的特别意义：

> 儿童是民族生命的幼苗，人类文明的花蕾。目前中国儿童的量和质，如果不能充实起来，民族复兴的基础，并无从奠定……普通的运动，已觉不足以刺激人心了，所以几度儿童节举行以后，又举行这一回全国儿童年，以期这回的运动能普及到全国每一处地方，影响到每一个人心。

---

[1] 潘光旦：《“妇女国货年”》，《潘光旦短评集》（下），北京：群言出版社，2014年，第579—580页。

[2] 鸣：《明年才是儿童年》，《每周评论》1935年第156期，第3页。

[3] 宓子章：《玩具》，《鲁迅全集（编年版）》（第8卷），北京：人民文学出版社，2014年，第124—125页。

关于“儿童年”各项事业的开展，南京国民政府从儿童的健康、教育、保障和救济等方面进行筹备和指导。为了将上述理念向广大民众传播，南京国民政府将“儿童年”的各类标语以文件分发、各处张贴等方式进行宣传。

首先是关于“儿童健康”的标语12则，包含了育婴常识、母乳营养价值、接种牛痘、食品卫生、舒适衣着等内容。其次，最为显著的是“儿童教育”的标语，有28则之多，涉及义务教育的普及、男女儿童教育的平等、对家长投资子女教育的劝导、对教师体罚儿童的禁止等方面。再次，还有关乎“儿童保障和救济”的10则标语，不仅将目光投向童工、童婢、孤儿等贫弱群体，“严缉拐卖儿童的匪类”以及“铲除虐待儿童的恶魔”等，而且儿童的幸福机关也在推崇之列，如呼吁增设并改善育婴堂、贫儿院、工学团、电影院、图书馆、娱乐场等公共设施[1]。

除了通过“儿童年”的标语进行宣传以外，南京国民政府还特别邀请了教育家吴研因和赵元任博士分别为《全国儿童年歌》作词和制曲：

> 儿童年！是我们儿童的幸福年……国家为我们办学，准备了许多钱；社会为我们保健，事业陆续添；公众为我们救苦，组织渐紧严……儿童年！是

[1] 全国儿童年实施委员会：《儿童年宣言》，《江西地方教育》1935年第16期，第10—13页。

我们全国儿童的努力年！我们的人格要完全，立身在天地间；我们的手脑可精练，事物能创建；我们的身体要强健，为国多奉献……儿童万岁年！我民族的生命延！[1]

南京国民政府期待通过“儿童年”的宣传和动员，实现“唤起全国民众，注意儿童教养，保障儿童身心健康及图谋儿童福利，使完成儿童之肉体精神及社会的能力”的目标。然而，基于对“儿童年”举办时间的短暂性和任务艰巨性的双重考虑，南京国民政府进而呼唤全国各阶层民众共同并长期地投身儿童事业：

儿童年的工作非常多而且重，不是本会少数人的力量所能奏效的，必得全国的大众共同努力，集合多方面的力量，全体总动员，以为我们的全体儿童造福……儿童年的时期只有短短的一年，工作的成就，当然无几的，我们应当把儿童年，当作儿童世纪的开始，我们应当永久地提倡儿童幸福……儿童年的精神永久存在，中华民族便永久生存，人类文明便永久在演进中了……[2]

---

[1] 《全国儿童年歌词》，《申报》1935年6月22日，第4张，第13版。

[2] 全国儿童年实施委员会：《儿童年宣言》，《江西地方教育》1935年第16期，第10—13页。

在动员与号召下，各级政府、社会人士、学校教师、家庭父母等群体均参与到儿童问题的讨论中。从撰文回应情况看，一方面，其发表的内容基本上是围绕南京国民政府在“儿童年”中设定的整体蓝图下而展开的深化。另一方面，家庭、学校、社会、国家合力投身儿童事业的理念，成为论说者的共识。诚然，在“儿童年”中，研讨最为热烈者，仍数自“五四”以来备受关注的儿童养育与教育两大话题，这可以从各大期刊、报纸所刊载论文的统计频次中得以瞥见。

然而，值得特别留意的是，儿童救济、儿童慈善和儿童福利，则构成了“儿童年”期间瞩目的另一核心问题。各界通过对“儿童保障”和“儿童救济”的讨论，将视角从“幸福圈内”延展到“幸福圈外”，即观照到占据儿童群体绝大多数的城市底层和广大农村的贫弱儿童的生存境况，包括童工、学徒、农工子女、流浪儿童、弃儿、童养媳和鬻儿等。

讨论者不仅分析了造成儿童困境的主要原因，而且还研究了保障和救济儿童的相关办法：钱品琎认为，大部分父母体格、财力、智力、道德的不健全，相关法律的缺失，水旱灾害和战争的频发，皆是构成儿童流浪的重要因素[1]；为此，储衡建议，设立和完善儿童的幸福机构，如在乡村设立托儿所，在工厂设置授乳室、育儿所和工人子弟学校，为儿童提供“公共给食”的福利，并保障处于妊娠和哺乳期女工的工

---

[1] 钱品琎:《儿童年中的贫苦儿童》,《妇女与儿童》1935年第19卷第19号，第2—4页。

资[1]；钱品琎主张，对于整治抛弃婴儿、虐待童养媳、贩卖儿童等损害儿童利益的行径，需要通过法律的途径加以惩治[2]；杨公怀为全国的童工请命，呼吁政府改变《工厂法》形同虚设的状况，切实严禁工厂聘用14岁以下的童工，且严格执行8小时的工作制[3]；吴研因号召，应动员全国各阶层的民众为灾区的儿童募捐财物[4]；张锄荆则宣称，应在农村设立简易的药库，为儿童免费施诊，以免其因天花等传染病的感染而夭折[5]。

"儿童年"实为南京国民政府以启蒙儿童为旗帜，以期实现动员社会各阶层在讨论儿童问题上的"聚合"，这也是国民党为实现国家政治整合的目标做出的一种有益尝试。然而，政党话语的运用，所关乎的不仅是各界如何为儿童事业贡献力量，还牵涉到一个更为重要的命题，即儿童作为"儿童年"的主角，应当如何接受南京国民政府的"规训"，以及如何"表演"才能更好地配合，并充分融入政府主持的各项活动。

---

[1] 储衡：《从儿童年联想到贫苦儿童的幸福》，《现代父母》1935年第3卷第6期，第61—64页。

[2] 钱品琎：《儿童年中的贫苦儿童》，《妇女旬刊》1935年第19卷第19号，第1—3页。

[3] 杨公怀：《儿童年中为全国童工请命》，《机联会刊》1935年第116期，第13—14页。

[4] 吴研因：《儿童问题的核心》，《中央日报》1935年8月8日，第3张，第3版。

[5] 张锄荆：《儿童年中应怎样为乡村儿童谋幸福》，《浙江小学教育》1935年第3卷第5期，第20—23页。

## 二、党化训育：南京国民政府对儿童的“操演”

为保证各项儿童活动在政党话语的主持下顺利进行，南京国民政府在“儿童年”间建立了一套自中央至地方的层级组织机构和监督机制。

一是在组织机构方面，各级“儿童年”实施机构皆由政府官员代表及民间儿童福利团体共同组成。在中央层面，全国儿童年实施委员会在教育部内设立，作为“儿童年”的统领机关。教育部、内政部和实业部各派三到五名代表作为该委员会的委员，并向中华慈幼协会聘请了五至七名富有经验的工作人员作为辅助。在地方层面，教育厅、民政厅、劳工行政主管机关以及相关的儿童事业团体一同组建了各省的儿童年实施委员会，直辖市的儿童活动则由社会局、教育和卫生行政主管机构以及各儿童团体共同负责。

二是在权力分配方面，党部对“儿童年”的实施持有建议和监督的权利。各级儿童年实施委员会每逢召开活动的筹备会议时，须邀请对应行政级别的党部代表列席，并听取其指导意见。并且，党部代表若发现委员会的决议违反党义或全国儿童年实施委员会的精神时，可请该委员会自行更正，或呈请上级党部和上级部门制止之[1]。实际上，南京国民政府主导下的各级儿童年实施委员会具有多重特色。即，不仅形

[1] 《党部协助各地方儿童年实施办法大纲》，全国儿童年实施委员会：《全国儿童年实施委员会总报告》，第10页。

成了“以官方为主导，以民间为辅助”的合作模式，而且通过规定地方与中央的实施机构之间的隶属关系，为“儿童年”各项规划的上传下达提供了保障，改变了过去举办儿童活动的分散性。此外，“党监督政”的职权分配，更为国民党借助政府力量输出政党意志提供了便利。

在“儿童年”期间，南京国民政府主要通过“政党符号的宣传”“总理遗嘱的宣读”“官员对儿童的接见”“党义教育”新生活运动以及“童子军教育”“儿童参与灾区救济”等形式对儿童进行训育。

其一，党歌、儿童歌、党旗、标语等政党符号成为南京国民政府对儿童进行政治教育的媒介。如在南京“儿童年”的开幕典礼上，主持人带领儿童代表及其他与会者齐唱国民党“党歌”，以期激发儿童爱国之心和忠党之志：

> 三民主义，吾党所宗，以建民国，以进大同，咨尔多士，为民前锋，夙夜匪解，主义是从，矢勤矢勇，必信必忠，一心一德，贯彻始终。[1]

与之相似的是唱“儿童歌”的仪式。除各市县的“儿童年”开幕式和闭幕式外，全国儿童年实施委员会还协同南京市初等教育研究社于1936年3月22日举办了儿童歌唱表演

[1] 《附录·党歌》，《广播周报》1935年第48期，第65页。

会。300余位儿童在南京实验小学大礼堂演奏了39首儿童歌曲，全场“自始至终，除鼓掌声外，绝无其他嚣杂声浪”[1]。

悬挂党旗的方式，也是强化儿童对国民党政党认同的重要途径。在首都南京，不仅开幕式当天，随着党歌的响起，在场的儿童代表以及各界人士，仰望党旗之际，不免肃然起敬，而且各街道皆挂满了国民党的党旗[2]。而广州的儿童，则高举自制的党旗，环市游行一周[3]。

此外，南京国民政府还在各大公共场所布满了诸多醒目的标语，以启迪儿童认识自身的地位和使命。如在“儿童年”的“儿童节”扩大纪念活动[4]中，所张贴的口号有：庆祝儿童节，要“增进儿童生活的知识”“儿童劳动的习惯”“培养儿童互助团结的精神”“养成儿童爱国爱群的观念”，儿童是“新中国未来的主人翁”“建设新中国的基石”“复兴民族的主力军”等[5]。

其二，南京国民政府通过组织儿童谒拜中山陵和宣读“总理遗嘱”的仪式，教育儿童以孙中山为精神领袖和奋斗动力。1935年8月1日上午7时，分别来自南京各初中和小学的学生

---

[1] 《三百余儿童参加儿童唱歌表演会》，《中央日报》1936年3月23日，第2张，第3版。

[2] 《首都儿童年定期举行开幕礼》，《中央日报》1935年7月29日，第2张，第4版。

[3] 《儿童年之儿童节》，《青岛教育》1936年第3卷第12期，第9—12页。

[4] “儿童年”的“儿童节”扩大纪念活动指的是1936年4月4日的“儿童节”，之所以当年采用“扩大纪念”的称呼，是为了表示与以往年份小型“儿童节”的区别。

[5] 《首都儿童节筹备会通过》，《中央日报》1936年3月23日，第2张，第3版。

"儿童年的儿童节",《中华教育界》1936年第23卷第12期

代表，身着统一的制服，赴总理陵墓前行“拜见礼”。献上花圈后，儿童依次围绕陵寝转行一周，齐声宣读了“总理遗嘱”[1]：

> 余致力国民革命……目的在求中国之自由平等……现在革命尚未成功，凡我同志，务须依照余所著建设方略，建国大纲，三民主义，及第一次全国代表大会宣言，继续努力，以求贯彻……[2]

实际上，南京国民政府是期待通过儿童对“总理遗嘱”的诵读，自觉地将自身视为孙中山及其未竟事业的继承者，进而将其主导下的“儿童年”运动列入孙中山所遗留的伟大事业之中，以达到“增强其政权的合法性”及“证明其统治策略的正确性”之双重目的。

其三，主办方在政府与儿童之间建立起直接的互动方式，如接待儿童代表、赠送礼品以及“训话—答辞”等，传递国家对儿童的期望。南京的儿童代表完成了“中山陵谒见礼”之后，便直赴南京国民政府谒见各机关的长官，包括中央党部、国民政府、行政院、教育部、内政部、实业部、卫生署、市政府、市党部[3]。与此相似，各省市的儿童年实施委员会也

---

[1] 《定期举行开幕礼》，《中央日报》1935年7月20日，第2张，第4版。

[2] 《总理遗嘱》，《政训半月刊》1935年第2期，第2页。

[3] 《儿童代表谒陵晋见机关长官分组一览表》，全国儿童年实施委员会：《全国儿童

“8月1日为全国‘儿童年’开幕日，首都全市儿童代表谒总理陵献花”，《良友》1935年第108期，第6页

安排儿童在开幕式当天参加当地各官员代表的接见[1]。随后，各长官为儿童代表分发了礼物以资鼓励，如上海市市长吴铁城为儿童颁发了纪念章、书籍、糖果等，并与儿童一同合影留念[2]。

在政府各机关的办公处，长官对儿童代表进行了依次的

年实施委员会总报告》，第147页。

[1] 《全国儿童年今日开幕》，《大公报》1935年8月1日，第1张，第4版。

[2] 《全国儿童年开幕·上海各校儿童代表及市长吴铁城合影》，《良友》1935年第108期，第6页。

接见。如南京市市长马超俊耳提面命般地“训话”道：

> 诸位小朋友……儿童年的意义，是谋儿童幸福和健康的。因为儿童是民族的继承者，儿童的健康，就是民族的健康，儿童的幸福就是民族的福利……全国的儿童，今后对于学问品格、身体、技能等，都要有特别的努力……才不辜负今后举行儿童年的意义。[1]

武定门小学等学校的儿童代表在一旁详细无遗地记录了长官的讲话，中大实校的儿童代表石研芬则庄重地做了答辞，表达了对南京国民政府的感恩和拥护：

> ……承蒙主席接见，多么荣幸……国家命令本日为儿童年开幕的日子……全国那一个儿童不是在欢喜鼓舞着……政府一方面提倡儿童幸福……一方面又费了巨大的款项……我们敢说这是对于我们儿童的最大的赐予……[2]

---

[1] 《马市长训词》，全国儿童年实施委员会：《全国儿童年实施委员会总报告》，第148页。

[2] 《答辞一·第二组中大实校儿童代表石研芬》，全国儿童年实施委员会：《全国儿童年实施委员会总报告》，第148页。

“庆祝儿童年”，《东方杂志》1935年第32卷第16期

其四，“党义教育”通过小学和初等中学对儿童进行渗透。政府要求儿童教育必须严格遵循党义尤其是“三民主义”的精神。如南京市市长马超俊和社会局局长陈剑如在“儿童年”的演讲中对各小学校长着重强调，学校教育应当从纯洁无染的小学生抓起，实施“三民主义”教育，以“培养他们身心的健全，使他们有自强自立的精神”[1]。南京国民政府进一步规定，要将国民党党义完全融入儿童的全部学习课程之中，在日常训练方面，各中小学设立了训导主任和公民教员，主要从事“襄助校长切实实施有关党义教育之法令与计划，协助校长充实有关党义教育之设施”等工作[2]。值得注意的是，儿童的训育工作还深入到乡村的小学教育之中，如规定在校儿童须参加每周一上午第一节课30至60分钟的“总理纪念周”训练等[3]。

其五，南京国民政府以新生活运动的信条为指导，一方面，在日常生活的训练中，“整齐”“清洁”的理念在“儿童年”中得到了贯彻。1936年7月25日至7月31日，全国儿童年实施委员会在南京市举行了一场全国儿童卫生展览会，展出了全国各省市中小学、育婴机构在儿童卫生健康方面的工

---

[1] 《马超俊陈剑如等向小学校长训话原词》(续),《中央日报》1936年2月11日，第2张，第4版。

[2] 《修正中等学校训育主任公民教员工作大纲》，中国第二历史档案馆编:《中华民国史档案资料汇编》第5辑第1编，教育(二)，第1105—1107页。

[3] 徐阶平等:《乡村小学儿童训练设施要点》(上),《中央日报》1935年9月5日，第3张，第2版。

作所取得的成绩[1]。与之配合的是，筹办方还开辟了儿童运动场，增设了诸多运动器材，如回旋塔、摇椅等，举行了儿童乒乓球锦标赛，且在民众教育馆公演了有关儿童卫生健康的戏剧[2]。除了南京市以外，各地也分别举行了儿童健康比赛、儿童夏令卫生营，以及儿童健康大检阅等活动，从儿童的健康抓起，借以改进孱弱的民族体质[3]。

另一方面，在儿童品格的形塑期间，新生活运动主张培养他们“负责任，守秩序，服务组织，服务法律等正大光明的习惯和德性”[4]，这集中体现在“童子军教育”和“儿童参与救灾”两个方面。

“儿童年”间的“童子军教育”，实际上是对新生活运动中“生活军事化”理念的实践。朱振之强调，庆祝“儿童年”，势必要加强对儿童的“童子军教育”，使其成为智、仁、勇兼备的青年，既能在战争时期为国家服役，又能在平常之际保持纪律性和组织性[5]。此外，南京国民政府对“童子军”的

[1] 《全国儿童卫生展览会办法大纲》，全国儿童年实施委员会：《全国儿童年实施委员会总报告》，第333—340页。

[2] 《儿童年最后一周，今日起举行两盛会》，《中央日报》1936年7月25日，第2张，第4版。

[3] 《卫生署定期举行全国儿童健康检阅》，《中央日报》1936年3月29日，第2张，第3版。

[4] 潘公展：《新生活运动中的小学教师与小学学生》，南京：正中书局，1935年，第44—54页。

[5] 朱振之：《儿童年与童子军教育》，《儿童与教师》1935年第20期，第999—

“儿童年闭幕时之受奖者”，《新人周刊》1936年第2卷第49期

训练也更加严格。如全国童子军总会要求“童子军”不仅要无条件地服从总会的命令，还要绝对拥护作为领袖的蒋委员长，以成为一支精神高度统一的“钢铁战队”[1]。

在南京国民政府的动员下，“童子军”在“实战”中磨炼意志、增强体魄。1936年5月3日至4日，在南京市模范区“童子军”的大露营行动中，童子军代表前往山麓扎营，锻炼在野外生存的勇气和能力。随后，童子军代表参加“筑路运动”

1000页。

[1] 《京市童军三千余热烈庆祝童军节》，《中央日报》1936年3月16日，第2张，第4版。

和“清洁运动”，接受官民的检阅。其中，男童军承担了筑路的工作，修建了“自京芜路至邓府山脚下，长达二四四公尺，连同转车道等约共三百公尺许”的路段，女童军则清理了中华门外一带的墙壁、沟渠等地的污秽和垃圾[1]。

“童子军”还在救济灾区和扶助民众的活动中，为各校儿童树立了模范。在“首都各界救济水灾募捐委员会”的动员下，南京市的“童子军”在9月21日至27日期间，将全市分为七大区域，挨家挨户进行劝募[2]。在此基础上，中国童子军总会在1935年底则将“童军募捐寒粮”的活动范围从南京扩展到全国[3]。仅就上海一市而言，参与募捐的童军就达6700人，共募得赈款35000余元[4]。

在“童子军”的鼓舞下，全国除幼稚生外的在校儿童也投入到救灾活动中来。在1935年10月10日至1936年6月期间，各校以校长为团长，组织“灾区儿童救济团”，通过贴标语、演电影、讲述和游艺会等，向教师、同学、家长、邻居募集银钱和物品。

与此同时，儿童还通过节省糖果费，自觉地为灾区献出微薄的力量，如每名初小、高小、初中的儿童每天分别节

---

[1] 《京市童军大检阅，今晨开始劳动服务》，《中央日报》1936年5月4日，第2张，第4版。

[2] 《童军定期募捐寒衣》，《中央日报》1935年9月6日，第2张，第3版。

[3] 《童子军募捐寒粮办法》，《中央日报》1935年11月24日，第2张，第4版。

[4] 《沪童军募捐赈款》，《中央日报》1935年12月8日，第2张，第4版。

“全国儿童年开幕声中灾区的小朋友”，《儿童晨报》1935年8月1日

省铜元1枚、2枚和5枚。据统计，参加募捐活动的儿童遍布全国11个省份和5个城市，共募得物品154471件，银钱328880.4083元[1]。

就实质而言，在“儿童年”期间，南京国民政府所利用的政党符号宣传、仪式演练和党化教育等形式，与其举办的“孙中山纪念”等诸多活动一样，皆是国民党为增强统治合

[1] 《救济灾区儿童》，全国儿童年实施委员会：《全国儿童年实施委员会总报告》，第343—348页。

法性以及实行社会动员的惯用策略[1]。在国民政府“精心”的组织和安排下，儿童不仅以“积极”的姿态受训于政府所策划的各项仪式，在身心上亦参与政府所规定的各项“训练”，更以“未来主人翁”的身份投身到社会实践活动中。然而，南京国民政府的上述策略之所以能在“儿童年”中顺利推行，实际上背后隐喻了日趋紧迫的“国难”压力以及渐趋高涨的民族复兴思潮。换言之，全面抗战前夜这一特定的历史时空，使得“儿童年”间的儿童启蒙教育与政党话语的运用，皆染上了浓重的国难色彩。

## 三、启蒙的困境：国难环境与政党干预的反思

“国难”的特殊环境以及民族复兴思潮的高涨，使得这场全国性的“儿童年”运动蕴含了更为深刻的意味。其中涉及三个重要的命题：一是救亡图存的时代语境如何影响到政党话语的运用；二是国难教育对儿童启蒙教育带来了何种程度的冲击；三是政党话语对儿童启蒙教育的干预应怎样才能保持适度的原则。

首先，南京国民政府在举办“儿童年”的目标中，赋予了儿童复兴民族使命的政治话语。在“儿童年”上海市开幕

[1] 陈蕴茜：《崇拜与记忆：孙中山符号的建构与传播》，南京：南京大学出版社，2009年。

式上，上海市市长吴铁城告诫各方，要转变为家族而生育的传统观念，萌发为国家培育现代儿童的诉求，从而避免异国压迫、亡国灭种的悲剧：

> ……儿童是中华民族的种子……中华民族前途之兴衰，全在今日中国儿童之有无希望而定……中国对于民族观念太浅，对于家族观念太深……我们只知传种，不知培养种子……反而被人少而受教育的民族，压迫、欺侮和支配……今后之政府、社会、父母负教养儿童之责任……否则不负责教养，即成败家子、亡国种……

在政府官员的动员和训导下，儿童充满了投身民族救亡运动的“热情”。在开幕式上，上海市西成小学的儿童代表陈珠庭斩钉截铁般地高呼：“我们是人类社会的中心，必须爱社会、国家以至于人类，对社会、国家有服务的责任。”在“谒见政府官员”环节中，儿童聆听了长官的训话后，无不表达了参与救国的决心和准备。如南京中大实校的儿童代表石研芬道出了奋斗的心声：“全国小朋友们，在中央政府领导之下，当然个个都愿意照中央的期望而努力，锻炼我们的体魄，充实我们的知识，为国家为民族而奋斗……”[1]；南京市市立郑

---

[1] 《答辞一·第二组中大实校儿童代表石研芬》，全国儿童年实施委员会：《全国儿童年实施委员会总报告》，第148页。

府巷小学的儿童代表宣读誓言："我是儿童，是国家最有希望的分子，复兴民族，期待着我们去努力；报仇雪恨，期待着我们去努力……只有那具有丰富的知识，优良的品性，强健的体格的健全儿童，才能配担负这个重任……"[1]

至于在"儿童年"的具体操演中，南京国民政府同样大力铺陈、渲染国难的色彩，以配合政党话语的运用，这突出体现在"儿童节"的扩大纪念活动中。如在上海市的"儿童节"庆典上，政府安排各军事部门为儿童呈现了精彩的军事表演，生动地模拟了战争的现场，以期激发儿童投身战争的荣誉感。一是由航空协会举行飞机表演仪式。飞机在会场的上空盘旋数周，发出震耳欲聋的声响，同时散落下无数醒目的标语，有"国家的强盛须先注意儿童教育""复兴中华民族就要先教养好儿童"等。二是由警备司令部展示了枪支演习。战士们荷着真枪实弹，在会场上施展了精准的射击技术。三是由公安局完整地上演了一场大型的战地救护活动。在一个虚拟的高楼"火灾"现场中，战士们或是以矫健的身躯跃过障碍物，或是驾着救火车赶到现场后，攀登云梯，在空中射水，或是背负医疗器械，为"伤员"包扎和治疗……此外，儿童亦以"小战士"的身份体验了简单的军事演练。

如崇新小学的儿童代表展示了"叠罗汉"，和安小学和上海学校的小学生则进行了国术表演等。会场上的儿童们深

---

[1] 《答辞二·市立郑府巷小学》，全国儿童年实施委员会：《全国儿童年实施委员会总报告》，第145—146页。

“儿童年儿童表演”，
《声色画报》1935年第1卷第1期，第29页

“儿童年小兵队检阅礼·小军官前来检阅（表演者为福建漳州育英幼稚园小朋友）”，《常识画报》1935年第11期

“儿童年小兵队检阅礼·高射炮队表演（表演者为福建漳州育英幼稚园小朋友）”，《常识画报》1935年第11期

“儿童年小兵队检阅礼·骑兵队表演（表演者为福建漳州育英幼稚园小朋友）”，《常识画报》1935年第11期

受感染，纷纷跃跃欲试，期待能与战士们一道，昂首挺胸地走向真正的战场[1]。

其次，不可回避的是“儿童年”期间国难教育与启蒙教育的关系。日趋紧张的救亡压力，使得部分知识精英在坚持科学启蒙儿童的同时，也接纳、包容了必要的国难元素融入儿童启蒙教育。一是强调在儿童读物的编写上，发扬儿童民族精神的内容必不可少。如李清悚指出，须将反映国难的题材加入小学的教材之中，以发扬儿童的民气[2]。唐健飞也建议在儿童读物中添加中国历史上的民族英雄事迹，以及中国传统的优秀文化等材料，以培养儿童的民族自信力[3]。二是倡导国防意识和尚武精神在儿童玩具中的渗透。有论者建议，生产商须多为儿童制造与国防相关的器械模型，如船舰、枪支、炮弹、飞机、坦克等，激发儿童对军事的兴趣。还有人认为，学校和家长应在儿童摆弄军械玩具时，借机向儿童介绍浅显的军事知识以及战术战略，以强化儿童保卫国家的责任感[4]。三是主张通过以战争为主题的美术作品，刺激儿童的爱国心。当汪亚尘置身于“儿童年”间举办的全国儿童绘画展览会时，

---

[1] 《本市各界今日热烈庆祝儿童节》，《申报》1936年4月4日，第4张，第16版。

[2] 《评判意见》，全国儿童年实施委员会：《全国儿童年实施委员会总报告》，第206—207页。

[3] 唐健飞：《关于儿童读物的我见》，全国儿童年实施委员会：《全国儿童年实施委员会总报告》，第213—215页。

[4] 《儿童教玩具展览会办法》，《中央日报》1936年5月17日，第2张，第4版。

禁不住赞叹那些“我胜人败，我存仇亡”之气概的儿童画[1]。可以说，国难环境的焦聚，使得南京国民政府与知识精英在培养儿童的问题上，达成了目标上的共识。即与思想启蒙同步，对儿童进行社会动员，以期使得他们成为抗战的后备力量，随时服务、献身于战火硝烟的未来。如，在陶行知创作的《儿童年献歌》中，儿童即摇身一变，成为既能自行解决吃穿问题、自行接受启蒙教育，又能为民族振兴带来光明、开天辟地，甚至可以抵抗外来侵略者的“全能王”[2]。

再次，值得注意的是各界论说者对待政党话语、国家意志介入儿童启蒙限度这一问题的多元认知。事实上，从“儿童年”的组织者，到参与撰文论说的知识精英阶层，在一定程度上可谓认同了政党意志介入儿童启蒙的合理性。由于国民党掌握国家的权力机关，那么，借用政党的宣传话语，以及国家机器为后盾，在全国范围内推广这场儿童启蒙运动，上至城市，下至乡野——这不仅突破了以往民间讨论儿童问题分散性、地域化的局限，更易于最大限度地动员儿童的参与及配合。作为官方的主持者，南京市市长马超俊充分肯定了“儿童年”对于引导儿童爱国心的意义，认为这为儿童增强民族意识和树立爱国信念提供了无形的教材，它的教育效

[1] 汪亚尘：《对于全国儿童绘画展览会的感想》，《中央日报》1935年6月6日，第3张，第1版。

[2] 陶行知：《儿童年献歌之一》，李楚材编：《陶行知和儿童文学》，上海：少年儿童出版社，1990年，第88—89页。

能“比任何枪炮飞机都强烈”[1]。作为知识界的代表，周莹专门撰写了《中国儿童幸福的前途》一文，称赞“儿童年”不仅是各界谋求儿童福利的起点，更是复兴民族的“强血剂”。既然儿童被视为民族的“幼苗”，那么政府组织“儿童年”的事业，即是从事“栽培、除虫、施肥、灌溉”等工作[2]。此外，尽管部分知识精英注意到了儿童的确被赋予了过多的使命，但依然肯定了“儿童年”以运动的形式，架起了启蒙儿童与复兴国族的“桥梁”。陈济成指出，挽救国家的危亡已经无法指望那些“脑筋陈腐之老朽”“深中流毒的青年”，唯有“活泼之健康儿童”可见一线希望[3]。张景明也哀叹，民族的复兴实难再依靠已过“足为”之年的成人，“儿童年”的兴办恰可点燃民族未来的希望之灯[4]。

既然认可了“儿童年”中政党话语所扮演的积极引导角色，这使得“国家本位”的理念得以抬头，但“儿童本位”的原则却同样被研究者视为儿童教育中不可或缺的议题。潘公展认为，政府在“儿童年”间采取“协助”和“命令”的方式，向儿童灌输国难意识和民族精神，在某种意义上是一

---

[1] 《马超俊、陈剑如等向小学校长训话原词》,《中央日报》1936年2月10日、11日，第2张，第4版。

[2] 周莹:《中国儿童幸福的前途——谨以此献给全国儿童年运动》,《晨光周刊》1935年第4卷第18期，第21—25页。

[3] 陈济成:《从儿童年说到儿童教育》,《现代父母》1935年第3卷第6期，第58—60页。

[4] 张景明:《儿童年的双十节》,《我存杂志》1935年第3卷第8期，第5—7页。

种必要的启蒙“训练”和“引导”，但保持每个孩子“原有的灵魂”，使儿童获得发展心灵的机会，并尊重和发挥他们天生的才能，仍显得同等重要[1]。

如是，“国家本位”与“儿童本位”看似矛盾的两种主张，却在“儿童年”期间实现了并行、合流与统一。这诚由民族复兴思潮下启蒙教育与抗战动员的双重性质所决定。进言之，内中既隐喻了国难下的启蒙者欲“动员一切可动员的力量”以及“毕其功于一役”以应对时局的急迫心境，又饱含了国人虽有对近代以来救亡运动屡次挫败的自怨自艾，但却依然为追求民族的独立、富强而储备着希望和力量——这一不懈努力的复杂情绪。

然而，尽管教育界的知识精英承认政党话语在培养儿童中间的适度介入，但反对的则是政党意志对儿童启蒙的过度干涉，更否认以“国家本位”取代“儿童本位”的教育论说，认为如是则背离了以科学精神为启蒙儿童的正途。如周作人批评道，政府的过度宣传，实际上夸大了儿童的能力，“以为他们是三头六臂，至少也是四只眼睛，将来要旋转乾坤，得德才兼文武，学贯天人”[2]，这严重脱离了儿童阶段的特性。此外，学校为儿童安排了过多的学习任务，政府对儿童进行过度紧张的训练，皆使得儿童难堪重负。儿童在繁杂的仪式

[1] 潘公展：《新生活运动中的小学教师与小学学生》，第44—54页。

[2] 周作人：《谈中小学》，《周作人文选·卷二》，广州：广州出版社，1996年，第402—404页。

演练中不仅未能轻松地体验儿童节日本身所带来的快乐和幸福，反而被迫且反复地忍受烈日的暴晒和冗长而枯燥的“训育”，在拥挤的人群中度过了一个又一个的庆典，消磨了儿童最具自由天性的宝贵时光[1]。

表面上看来，轰轰烈烈的“儿童年”运动似取得了一定的成绩，但就实施成绩而言，更多的是流于形式主义。即便是作为全国儿童年实施委员会委员的吴研因，对政府的投资和办事人员的态度也颇有微词：国民政府仅为该委员会配置了30000余元的经费，只能勉强支撑主要活动的最基本开销，难以真正保障活动的质量，更毋论满足活动参与者的期待和需求；委员会中那些来自政府部门的兼职人员，因委员会的地位远不及其原单位，仍多忙于本职工作，仅象征性地出席了各大典礼，而对“儿童年”的实际事务却无暇过问[2]。即使是亮相于“儿童年”活动中的官员代表，也只是将精力消耗于主持冗杂烦琐的各种仪式与操演，极少留心于儿童的真实感受，更未真正着想于如何谋求儿童的幸福生活。在地方层面，福建省儿童年实施委员会委员陈英弼同样哀叹“心有余而力不足”：委员会囿于经费的困境，使得原本拟定的大多

[1] 陈英弼：《我们福州对于儿童节儿童年工作的检讨》，《福建教育》1936年第2卷第8期，第127—128页。

[2] 吴研因：《儿童年儿童节关于儿童福利工作的总检讨》，《大公报》1936年4月4、5日，第3张，第10版。

数儿童教育与福利的计划，实不啻为一纸空文[1]。如果说城市的部分在校儿童多少算是“儿童年”福利的惠及者，那么社会下层的儿童则依然难以逃离贫穷、饥寒、挨打、失学的命运。更为甚者，政党组织的各项仪式演练，以及对儿童话语的诸多规制，无疑压抑了儿童自我的“发声”，儿童依旧未改变“失语”的状态。如，在儿童的答词中间，他们仅是僵化地“接受”政党的训育，千篇一律地“复述”，甚至背诵着官员们的演讲与训话，至于那些反映儿童天性和个性的内容，却在无形中被加以消解。换言之，儿童的“表演”已被染上成人化的色彩和烙印，他们仿佛已经成为“小战士”“小英雄”，而丝毫没有意识到作为“儿童”这一最本初的身份。

造成这种形式主义的弊病，固然与国难中的“儿童年”作为一场“运动”的本身不无关联。但就其本质而言，国民政府是披着“启蒙”的外衣，不断地赋予政党的意志，强化国难的主题，强迫儿童的仪式参与，这些超负荷的责任，以及逾越儿童成长历程的过度期望，不免使得“儿童年”最终陷入“反启蒙”的思想怪圈。

这不禁令人深省一项命题：政党话语对儿童启蒙问题的介入，究竟怎样才能秉持适度的原则？诚然，适度的引导，在一定程度上可以推动运动积极开展，为儿童启蒙提供良性价值观的指南针；反之，若是僵化的教条训育、过度的强加

---

[1] 陈英弼：《我们福州对于儿童节儿童年工作的检讨》，《福建教育》1936年第2卷第8期，第127—128页。

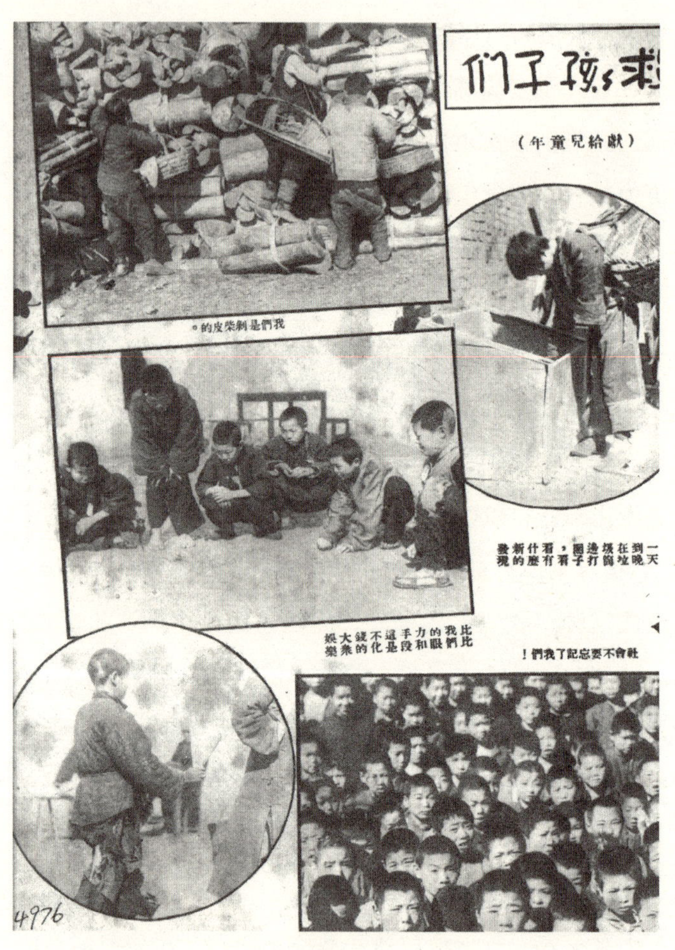
救救孩子們

（獻給兒童年）

我們是剝柴皮的。

一天到晚在垃圾堆邊打圈子，看着有什麼新發現

比比我們的眼力和手段，這是不化錢的大衆娛樂

社會不要忘記了我們！

4976

“救救孩子们（献给儿童年）：社会不要忘了我们！”，

《新生周刊》1935年第2卷第7期

干涉，必将酿成过犹不及、适得其反的效果。值得回味的是，尽管我们透过“儿童年”丰富的史料，还原了一些精彩的瞬间，但更多的是无奈与惋惜。

第三节

## “过渡时代”的思想风景：“儿童年”与儿童读物

在前述讨论“儿童年”与儿童教育、仪式演练、政党政治关系的基础上，本节将采取个案研究的路径，从微观史学视角出发，考察“儿童年”期间专属的全国儿童读物展览会及思想界围绕儿童读物编写问题发起的论争[1]。由此，发覆抉微儿童教育界背后隐喻的新学与旧学之争，对“文化复古主义”抬头的驳斥，“文化民族主义”的觉醒，以及国共两党在儿童培养这一层面上对权力话语的角逐，以期为研究文学思潮与“政治—社会史”之互动提供有益的尝试。

[1] 民国时期的儿童读物，主要包括儿童课外读本和小学教科书两大方面。其中，本书所探讨的儿童课外读本大体上与“儿童文学”范畴相等同。

## 一、筹办始末：全国儿童读物展览会

全国儿童年实施委员会在“儿童年宣言”中明确指出了举办这场“儿童年”的目的和意义：由于儿童是“民族生命的幼苗，人类文明的花蕾”，是国家和民族“未来的主人翁”，儿童的“数量”和“素质”皆同国家和民族复兴息息相关，故国家必须通过举行一场覆盖全国的“儿童年”运动，将重视和培养儿童的理念“普及到全国每一处地方，影响到每一个人心”，以期“唤起全国民众，注意儿童教养，保障儿童身心健康及图谋儿童福利，使完成儿童之肉体精神及社会的能力”。在如何实施“儿童年”层面，全国儿童年实施委员会则从儿童的健康、教育、救济和保障等方面勾勒出一幅覆盖儿童“教”“养”“救”“保”全方位的蓝图，并通过政府公文传递、标语张贴以及广播节目等方式向社会各阶层进行宣传，为“儿童年”各项活动的开展提供指导和借鉴。其中，儿童健康涉及了疾病治疗和防疫、食品安全和营养、衣着卫生和舒适等问题，儿童教育包括普及义务教育、男女教育平等、师长对儿童的正确引导等层面，儿童救济着重关注了童工、童婢、流浪儿等弱势群体，儿童保障则覆盖了托儿所、育婴堂、图书馆等儿童基础设施[1]。

根据“儿童年”的整体规划，全国儿童年实施委员会主

---

[1] 全国儿童年实施委员会：《儿童年宣言》，《江西地方教育》1935年第16期，第10—13页。

要通过兴办全国儿童读物展览会、全国儿童玩具教具展览会、全国儿童绘画展览会、全国儿童卫生展览会，以及义务教育等系列活动，践行了“儿童年”所倡导的“启蒙儿童”和“为儿童谋福利”的理念。其中，儿童教育问题是“儿童年”间重点关注的对象，而涉及儿童读物的编写、出版标准和原则的全国儿童读物展览会，自然成为诸项活动的“重头戏”。

全国儿童年实施委员会在宣言中阐释了举办全国儿童读物展览会的缘起，即重新检视“五四”以来所出版的儿童读物，端正国人对于儿童读物的认识，为出版界和教育界改进和选择儿童读物提供标准，并动员著作者积极创作更多“精纯而伟大”的儿童作品：

> 本委员会认为儿童读物是儿童的“精神食粮”，影响于儿童教育，极其重大。所以乘此儿童年实施的期间，征集全国儿童读物……公开展览于首都……(一)供国人概览，以正国人对于儿童读物的观感。国人对于儿童读物，大多都很忽略：有的意味无足轻重，置之不闻不问之列，有的只看到一部分，觉得和自己的主观不相合，便大声疾呼，斥为谬妄……这些态度，都是以摧残儿童读物改进的新苗而有余……(二)供专家研究，以为改进并选择儿童读物之一助。我国的儿童读物，有好有坏，如果不加研究，不予批评，那末不但著作人和出版

> 界……不知所以改进之道；就是学校家庭，也无所准绳，无从选择去取。此次……聘定数十位研究有素的专家……加以研究，予以评判……（三）供文坛参考，以期新旧文学家多多致力于儿童读物之编著。我国新旧文学家……尤不屑编著儿童读物，以为儿童读物是“薄物小篇”，是“卑卑不足道”的东西……希望大家鉴于儿童读物的重要……不再鄙视儿童读物，急起研究著作……此外，因这次的展览，出版界或者也能因观感所及，一变向来的态度，多多征求善本，并改善印刷装订，以使儿童读物精益求精……[1]

随后，全国儿童年实施委员会和各地方儿童年实施委员会相互配合，依次践行了儿童读物的收集、展览、评审及巡展等环节。

儿童读物征集主要通过国内和国外两个渠道。其中，本国各书坊、私人、教育行政机关、小书摊所出版，或销售，或收藏的各类小学教科书和课外读物，由全国儿童年实施委员会派员征集或借用。至于外国具有参考价值的优秀作品，则由中国驻外使节进行收集。据统计，全国儿童年实施委员会共征集到儿童读本2818种，13908册，分属于商务印书馆、

[1] 《儿童读物展览会的旨趣》，全国儿童年实施委员会：《全国儿童年实施委员会总报告》，第181—182页。

中华书局等10家出版机构，覆盖了江苏、浙江等20个省市，以及英国、苏联等11个国家。其中，国内的读物占了绝大多数，达2577种，13413册。依照各类读物在儿童教育中所起的功能属性，筹备方将所有作品分为补充读物类（第1—3室）、教科书类（第4—5室）、参考类（第6室）和社会流行类（第7室），分别陈设在七大展览室中，以方便参观者的观赏和阅读。其中，补充读物类除了儿童文学外，还囊括了社会科、自然科以及各类丛刊、期刊等类别；教科书类覆盖了国语、公民、卫生、常识、自然、美术、劳作、算术、音乐等诸多科目；参考类包含了国外的儿童读本以及与儿童教育相关的研究著作；社会流行类则为从小书摊收集而来的连环画[1]。

1936年1月30日，全国儿童读物展览会在南京市中山路市立大小行宫小学校揭幕。为保障南京市三年级以上的在校儿童的阅读机会，南京市社会局特颁布了“京市各学校参观日程”，并秉持儿童优先进入的原则[2]。然而，由于会场空间狭小，参观者几乎是摩肩接踵。在展览会开幕的第一天里，参观人数便达4000余人[3]。后来在民众的强烈呼唤下，筹办

[1] 《全国儿童读物展览会》，全国儿童年实施委员会：《全国儿童年实施委员会总报告》，第184—191页。

[2] 《京市公私立小学参观儿童读展会日程》，《中央日报》1935年12月30日，第2张，第4版。

[3] 《全国儿童读展揭幕》，《中央日报》1936年1月31日，第2张，第4版。

方还特意将展期延长了一天。在7天的展览中，仅自觉登记的观众便达16000人。其中，非官方组织者约占一半有余[1]。为广泛吸收参观人员的意见，筹办方还在会场的出口处摆放了“批评簿”。在会场中，众多的参观者不禁赞叹道，读物展览会的展品确可谓是“琳琅满目”，尤其令“贫乏得可怜的儿童、家长”以及简易小学、短期小学、私塾中的师生备感振奋和向往[2]。

在展览期间，筹办方邀请各界专业研究人员和官员代表作为评委对所有的参展作品进行评判并列出各优缺点。在评审过程中，各评委必须严格按照筹办方所制定的评判标准。优良的读物应符合以下几项原则：在内容方面，符合国内现行的教育宗旨、不违背国民党党义、适合儿童的接受程度、思想正确且积极、语言通畅优美、文字符合国语等要求；在形式方面，配有清晰且明确的插图，适中的字体、行距和字距。此外，坚固且美观的封面和装订、低廉的定价也成为重要的衡量指标[3]。最终，除了10余种读物在会展期间丢失以外，受审的读物符合“佳者”“可者”“有问题者”“不合格者”四个级别者，分别为200种、721种、524种及293种，即优、

---

[1] 《儿童读展会闭幕》，《中央日报》1936年2月6日，第2张，第6版。

[2] 《附录二：参观人评论一斑》，全国儿童年实施委员会：《全国儿童年实施委员会总报告》，第241—243页。

[3] 《全国儿童读物展览评判用表用法》，全国儿童年实施委员会：《全国儿童年实施委员会总报告》，第201—203页。

劣的读物各占约一半。随后，评审组将书目和各类读物的评审意见汇总，编成“儿童读物研究结果”，以供国人概览、专家研究和文坛参考[1]。值得一提的是，全国儿童读物展览会于南京闭幕后，便依次沿着湖北、江西、福建、浙江、江苏、山东、北平、南京的次序进行巡回展览，以期唤起更多民众参与到儿童读物的编写、出版和阅读中来[2]。

全国儿童读物展览会作为中国第一场全国性儿童读本“百花齐放”的盛宴，尽管历经了官方半年之久的精心筹备，但仍存在一些弊病，突出表现在两个方面：一是在读物的征集过程中，实施者多有“重量不重质”的明显倾向，在客观上为诸多不良的读物提供了宣传的平台，这犹如为儿童调制了一锅“鱼肉和残羹”相混杂的“精神食粮”。二是展览会设施的不完备，未能为参观者提供良好的观赏和阅读体验。如展期的短暂和会场空间的狭小，使得绝大多数的观众只能“走马观花”。然而，全国儿童读物展览会的开展在唤起各界对儿童读物的重视和关注方面颇有成效，尤其是将“五四”以来知识精英围绕儿童读物的取材和编写原则的争论推向了高潮。

[1] 《评判统计》，全国儿童年实施委员会：《全国儿童年实施委员会总报告》，第179—207页。

[2] 《儿童读物巡回展览办法》，全国儿童年实施委员会：《全国儿童年实施委员会总报告》，第210页。

## 二、思想史维度下的儿童读物编写论争

实际上，知识精英针对儿童读物的编写问题曾展开过诸多讨论："五四"时期，周氏兄弟倡导以"儿童本位"为理念，进行儿童文学的翻译和创作。20世纪20年代前半期，文学研究会兴起了一场"儿童文学运动"，翻译欧美儿童文学，收集和改编中国民间故事，并尝试在此基础上从事儿童文学创作。然而，"大革命"以后，儿童文学界在创作理念上开始出现分野：一方面，"左翼儿童文学"的诞生，以及"左联"的成立，正式开启了在儿童文学中灌输"革命"和"阶级"理念的历程；另一方面，部分儿童文学创作者依旧坚持在"五四"时期确立的原则[1]。二者的首次冲突，在1931年由湖南省政府主席何键所挑起的一场关于"鸟言兽语"应否进入儿童文学的论争中得到了集中展现[2]。在儿童读物的取材与编写等方面，究竟应当确立何种原则，似已显得刻不容缓。伴随着1935—1936年"儿童年"的兴起以及全国儿童读物展览会的举办，教育部及实业部部员、大学教授、小学校长、各级儿童教育工作者、儿童文学创作者、出版商都积极地投身到这场关于儿童读物问题的讨论中来。这不仅突破了以往民

[1] 王泉根：《中国儿童文学概论》，长沙：湖南少年儿童出版社，2015年，第30—79页。

[2] 高翔宇：《20世纪30年代儿童文学教育中关于"鸟言兽语"问题的论争》，《现代中国文化与文学》第15辑，广州：花城出版社，2015年。

间性、分散性的局限，而且官方的主导，使得各阶层将对于儿童读物的重视，提升到了空前的高度。从表面上看，涉及了“编著者与儿童读物的编写和创作”“出版商与儿童读物的编辑和发行”“施教者与儿童读物的选择和指导”“儿童阅读与自我发展及民族国家复兴”之间的关系等方面。就实质而言，20世纪30年代知识精英在儿童读物编写理念上的论争，隐喻了全面抗战前夕儿童教育界在“如何复兴民族”命题上所彰显的新、旧学之争，“文化复古主义”的回流与反击，“文化民族主义”的觉醒，以及“三民主义话语”对“左翼革命话语”实施文化统制的尝试。

### （一）“文言”抑或“白话”：新、旧学之争

早在1920年，北洋政府明确规定在中小学的语文教育中全面使用白话文，科学精神也逐渐向儿童读本渗透。然而，在“儿童年”期间，教育界对白话文作为儿童读物用字标准的重行强调，以及对科学教育理念的继续提倡，则源于蒋介石所主导的新生活运动中对“礼义廉耻”的推崇以及“尊孔读经”的号召。1934年2月，蒋介石在南昌成立了新生活促进会，发表了《新生活运动之要义》，并将“礼义廉耻”提到了“国魂”的地位，因其包含了“救国和立国最要紧的根本精神和德性”[1]。蒋介石的上述讲话，使得坚守儒家经典至

[1] 蒋介石：《新生活运动之要义》，萧继宗主编：《革命文献·第六十八辑·新生活运动史料》，中国国民党中央委员会党史委员会印行，1975年，第16—23页。

上的知识精英再次掀起一场提倡“尊孔读经”的浪潮。尤其是在“儿童年”举办期间,《教育杂志》出版了一份关于“全国专家对于读经问题的意见”的专号，发表了72位学者关于“读经”的论说，将围绕“是否应该读经”的讨论推向了高潮。涉及儿童是否需要接受经学教育亦成了“儿童年”间关于儿童读物讨论的焦点之一。其中，支持儿童读经的论说者较少，主要为少数政府官员，而大部分论述者或反对儿童读经，或主张对经书的文字和内容进行改编[1]。

在文字方面，反对儿童读经的讨论者主要从儿童的知识接受能力和审美趣味的角度，否定在儿童读物中采用文言文，并对白话文的应用提出改善的建议。其中，在遭遇批判的儿童读物当中，以文言文进行写作的传统经书首当其冲。如马宗荣指出，儿童只能接受较为浅显的白话文以及简易的知识，尚未具备理解经书所需的识字、辨音和训诂能力，若是被强迫去阅读那些文字艰涩、内容深奥的经书，轻者将会过早地丧失读书的欲望，重者则苦不堪言、身心俱损[2]。除了经书以外，使用半文半白的儿童读本也受到了批评。茅盾认为，该类儿童读物实难以唤起儿童的阅读欲望，应当全面使用白话文[3]。至于如何使儿童更好地利用白话文进行文化知识的学

[1] 《全国专家对于读经问题的意见》,《教育杂志》1935年第25卷第5号。

[2] 马宗荣:《读经问题》,《中国新论》1935年第1卷第3期，第25—27页。

[3] 茅盾:《关于“儿童文学”》，孔海珠编:《茅盾和儿童文学》，上海：少年儿童出版社，1990年，第409—413页。

习，知识精英则在儿童读物的文字难易选择、文字和插图的搭配、文字排版等方面提出了建议。如钱用和指出，编写者在安排生字学习的过程中，应遵循由简单到复杂、“多具体、少抽象”等原则[1]。徐阶平则主张，创作者应力求文字与图画的合理搭配，可先行采用适当而美观的图画和故事引导儿童理解事物，再呈现相应的抽象文字[2]。高迈则着重强调，编辑者不应在读物中使用“蝇头小楷”，且须适当加大字距及行距，以免影响儿童的视力和阅读观感[3]。值得注意的是，在讨论过程中，亦有部分论述者择取折中方案，提出了“调和”的建议。如江亢虎虽依旧强调儿童阅读经书的必要性，但承认了经书的文字和内容难以为儿童所吸收的事实，主张儿童只须识知文字的字形，不必拘泥于文字背后的注解，更不须进行文字的考据[4]。陈鹤琴也认为，不必将经书完全淘汰出儿童读物的范畴，可仿照西方向儿童教授《圣经》的方式，从经书中选择内涵较为浅显的记叙文编成故事或戏剧，并将其中晦涩的文言文改写为白话文，便可使得“读经”一课在小学教育中有利无弊[5]。

---

[1] 钱用和：《低级国语教科书生字的研究》，全国儿童年实施委员会：《全国儿童年实施委员会总报告》，第228—230页。

[2] 徐阶平：《小学教材的八大原则》，《中央日报》1936年1月23日，第3张，第2版。

[3] 高迈：《请大家一致注意儿童读物问题》，《中央日报》1936年2月1日，第3张，第2版。

[4] 《江亢虎先生的意见》，《教育杂志》1935年第25卷第5号，第37页。

[5] 《陈鹤琴先生的意见》，《教育杂志》1935年第25卷第5号，第51—52页。

### （二）“文化复古主义”的抬头与退潮

在内容方面，反对儿童读经的论说者着重从儿童自身发展和民族国家复兴的层面，将鼓吹经书中“伦理道德”的论说，视为“文化复古主义”的复燃，并提倡在儿童读物中增加现代“科学理念”的因素。对于那些视儿童“读经”为挽救国家危亡之途的说辞[1]，柳亚子给予了强烈的批判，认为宣扬“读经论”者不啻为“神经病”，这不但将误导民族未来的“幼苗”，而且无法抵御日本的飞机大炮[2]。沈从文给予赞同的回应，儿童是国家未来的中坚，将要承担起挽救多灾多难的国运，不是靠阅读几页经书便可以解决，而是需要树立正确的道德观念，即热爱国家、强健勇敢、正直坚韧、崇尚科学精神等[3]。其中，儿童读物的科学精神不仅体现在科技知识的介绍上，还包括有别于传统“填鸭式”的科学教育策略。如徐叔恩主张，家长和教师应根据儿童不同的年龄阶段，为其选购恰当的读物，切勿一次性将大量的书籍硬塞给儿童，否则将与传统教育中强迫儿童阅读“子曰学而”的书本毫无差别[4]。吴研因劝导小学教师改变以往一味强迫儿童对

[1] 《唐文治先生的意见》，《读书周刊》1935年第1卷第5期，第3—5页。

[2] 《柳亚子先生的意见》，《教育杂志》1935年第25卷第5号，第118页。

[3] 沈从文：《论读经》，《国闻周报》1935年第12卷第4期，第1—3页。

[4] 徐叔恩：《儿童读物编辑上的意见》，全国儿童年实施委员会：《全国儿童年实施委员会总报告》，第215—216页。

教材“死读硬背”的教条模式[1]。然而，在“厚经书薄科学”或“倡科学否经书”的论争过程中，仍有部分知识精英主张中间路径，即倡导在儿童教育中兼顾“传统道德”与“现代科学”的调和理念。如朱君毅主张，经书中倡导的“忠孝”“仁爱”“信义”“和平”的道德标准仍旧符合现代的儿童教育，但对于儿童智力的开发以及国家的强盛而言，实用科学也应是不可或缺的一部分[2]。至于“传统道德”与“现代科学”孰者优先的问题，李书华明确指出，保存传统的美德固然重要，但充分发扬科学精神，广泛普及科学知识，大力提倡科学研究方法，更是当前之急务，而“读经”仅为次要的问题[3]。

从上述关于儿童是否应当阅读经书的讨论看，儿童教育界虽在民族救亡的目标上达成了共识，却在如何“培养儿童成为救亡的中坚力量”这一问题上产生了分歧。其中，倡导儿童读经者依旧对文言文教育难以割舍，且坚信以传统道德教育儿童是复兴中华的有效途径。然而，在反对儿童读经者看来，唯有以白话文为阅读媒介，兼施以科学的精神，才是儿童启蒙和民族救亡的正途。令人值得寻味的是，尽管蒋介石在“儿童年”期间，期待借用新生活运动将经学教育延伸到儿童教育系统中来，但实际上，拥护者仅为个别官员和教

[1] 吴研因：《清末以来我国小学教科书概观》，《中央日报》1936年1月30日，第3张，第4版。

[2] 《朱君毅先生的意见》，《教育杂志》1935年第25卷第5号，第44—46页。

[3] 《李书华先生的意见》，《教育杂志》1935年第25卷第5号，第47页。

育同人，而绝大部分反对儿童读经的政府官员和学者，则利用全国儿童读物展览会举办的有利契机，除了通过发表论说的方式重行强调白话文在儿童启蒙教育中的重要性外，还在儿童读物的评审过程中，再次确立了白话文作为优良儿童读物的重要标准，并将经书淘汰出了“合格儿童读物”的范畴[1]，与南京国民政府最高领袖的理念形成了背离的姿态。

### （三）“文化民族主义”的觉醒

进言之，教育界在“儿童年”期间确立的有关儿童读物编著问题的原则，不仅是对“文化复古主义”的清除，更是“文化民族主义”的觉醒在儿童教育领域的彰显。随着19世纪中期以来中国民族危机的逐步加深，学贯中西的知识精英在向西方寻求救亡之良方的过程中，逐渐认识到中国民族危机与文化危机的一致性，认为一个国家固有的文化是其“元气”与“灵魂”，与“武力”相同，皆是其自立于世界民族之林的保障。故而，为复兴中华，不仅要反对“完全醉心欧化”的取向，更须借重中国的历史与文化，提倡爱国主义与民族精神，以促进国民对本国的文化认同，并增强国人的自豪感、归属感、自信力和凝聚力[2]。这股思潮自“九一八”事变以后

[1] 《全国儿童读物展览会评判用表用法》《全国儿童读物展览会的旨趣》，全国儿童年实施委员会：《全国儿童年实施委员会总报告》，第201—203、181—183页。

[2] 关于近代中国文化民族主义的论述，参见郑师渠《近代中国的文化民族主义》，《历史研究》1995年第5期；以及郑大华《民国思想史论（续集）》，北京：社会科

日益高涨。“文化民族主义”作为民族复兴思潮的核心内容之一，也逐渐从思想界向儿童教育领域渗透。

伴随着“儿童年”的兴起，儿童教育界在展开对“五四”以来儿童读物反思的同时，重新界定了儿童读物的编写原则。“五四”时期对儿童价值的“发现”实际上源于西方现代的儿童观，随后几乎完全照搬了欧美儿童读物的创作模式。尽管这种“完全西化”的学习模式自“五四”起即受到部分知识精英的质疑，然而，到了“儿童年”期间，知识精英才正式掀起了一场对“全盘西化”儿童教育模式的集体性检讨与修正。其一，学界在强调儿童读物必须适合儿童智力程度和身心发展的前提下，否定了儿童读物中不切合中国危难困境的“幻想性”因素，倡导儿童读物的编著必须同国情相结合。如余超指出，欧美儿童文学和中国民间故事虽有利于培养儿童的个性，但其所传达的价值观却与中国儿童的时代使命不相符合，认为前者充满了“王子”“公主”“富翁”“相爱”等幻想性因素，易使儿童陷入求富享乐的泥淖，而后者之神怪、剑侠的色彩也常使儿童沉浸于迷信和虚幻之中。故而，有必要在儿童读物中展示中国当前深受外来势力侵略的残酷现实，以激发儿童的现实危机感[1]。其二，学界要求儿童读物摆脱浓烈的“异域情调”，增加中华文化的精华素材，从而使

---

学文献出版社，2010年，第325—327页。

[1] 余超：《对于儿童读物的意见》，全国儿童年实施委员会：《全国儿童年实施委员会总报告》，第212—213页。

儿童通过阅读的方式，建立起民族的荣誉感和自尊心，并逐渐担负起复兴国家和民族的使命。如唐健飞主张在儿童读物中添列中国优秀的文化遗产以及历史上的民族英雄事迹等材料[1]。

在“儿童年”期间，儿童教育论说者在继承“儿童的发现”这一原初启蒙命题的同时，更强调对于“五四”观念的突破，即加强观照中国的本土化问题，并声明对待欧美儿童读物及研究论著的态度，应仅为“借鉴”而绝非“照搬”。这种“向国情回归”的转向以及对民族文化的推崇，从某种意义而言，也是儿童启蒙者在民族危机日益加重的压力下，无法让儿童安居“象牙塔”使然。既然承认了儿童是中国未来的命脉和支柱，那么，完全脱离中国本土的西方儿童教育模式终究显得不合时宜。

### （四）“三民主义话语”对“左翼革命话语”的统制

值得注意的是，以苏联的“革命”和“阶级”为核心理念的“左翼儿童文学”，对“五四”时期儿童读物编写理念的调整，则展现出同上述“崇尚欧美”的儿童启蒙者所不同的态势，并与官方倡导的“三民主义”儿童教育话语形成了日益激烈的对峙。鉴于“左翼儿童文学”在儿童教育界影响力的逐渐扩张，国民政府希望借用“儿童年”举办之机，通

[1] 唐健飞：《关于儿童读物的我见》，全国儿童年实施委员会：《全国儿童年实施委员会总报告》，第213—215页。

过举办全国儿童读物展览会的方式，以期正式赋予“左翼儿童文学”以“不良读物”的定性，并将之淘汰出全国儿童的阅读市场，从而确立以“三民主义”为核心的党化教育体系——不仅作为各界编著儿童读物之最高准则，而且全面实现对儿童读物出版与发行的“统制”政策[1]。

南京国民政府自建立以来，除了逐渐将“三民主义”等党义渗透到教育部所颁布的小学教科书方面，还加紧对学校系统以外的课外儿童读物进行审查。一是在小学教育方面，国民政府从1928年始便要求在校儿童学习党义课程，并阅读《三民主义浅说》等教材[2]，至1933年则取消了“党义科”，将党义的精神融入所有课程之中[3]。由于所有的官方小学教材都必须经过教育部的严格审核，故“三民主义”在小学教材的编写中得到了较好的贯彻。二是国民政府自1929年起也开始组织对于非官方的儿童课外读物的审查[4]，其中，对“左翼儿童文学”的查禁尤为突出。鲁迅对此即曾做出激烈的批评，

[1] 王万钟：《儿童读物与儿童本位教育》，全国儿童年实施委员会：《全国儿童年实施委员会总报告》，1936年，第211—212页。

[2] 《南京国民政府公布各级学校增加党义课程暂行条例》，中国第二历史档案馆编：《中华民国史档案资料汇编》第5辑第1编，教育（二），第1073—1075页。

[3] 《国民政府文官处与国民党中央秘书处等单位关于中小学党义课程归并各科改称“公民”课程的往来文件》，中国第二历史档案馆编：《中华民国史档案资料汇编》第5辑第1编，教育（二），第1090—1096页。

[4] 《教育部公布教科图书审查规程》，中国第二历史档案馆编：《中华民国史档案资料汇编》第5辑第1编，教育（一），第89—90页。

那些略有革命性的，或由俄国的作者所编写的，甚至连封面有红字标识的读物，皆在国民政府的查禁之列[1]。然而，尽管有上述“排异性”的审查程序，但“三民主义”的精神却难于向儿童课外读物渗透。到了“儿童年”期间，国民政府改变了对儿童读物审查的分散性和地域性，展开了一次对全国20个省市和10个重点出版机构历年来出版的所有儿童读物的全面性清理[2]。

在国民政府的高压下，首当其冲的“左翼儿童文学”却仍通过继续翻译和改编苏联儿童文学的方式，影射国内政治气候和儿童生活的境况，宣传社会主义“革命”和“阶级”的理念。如鲁迅1935年翻译了苏联作家班台莱耶夫的儿童小说《表》，描述了一个生活在社会底层的流浪儿，曾因偷盗而坐牢，后来在苏联社会主义生活的感召下改邪归正的故事[3]。这部小说于同年度由蔡楚生根据上海流浪儿童的生活境况进行了改编，并拍摄成电影《迷途的羔羊》，在获得巨大社会反响的同时，也激起了国民政府的强烈反感[4]。然而，国民政府的大力查禁尽管在一定程度上遏制了“左翼儿童文学”

---

[1] 鲁迅：《黑暗中国的文艺界的现状》，《鲁迅全集（编年版）》（第6卷），北京：人民文学出版社，2014年，第510页。

[2] 《全国儿童读物展览会评判用表用法》，全国儿童年实施委员会：《全国儿童年实施委员会总报告》，第201—203页。

[3] ［苏］班台莱耶夫著，鲁迅译：《表》，上海：生活书店，1935年。

[4] 《联华要闻·蔡楚生的〈迷途的羔羊〉》，《申报》1935年10月15日，增刊第5版。

的生存空间，但并未达到扼杀的目标。如，茅盾于1936年仍创作了《儿子去开会去了》等作品，通过一位少年在父母的支持下参加五卅运动的故事，号召儿童投身“革命接力”的光荣活动中[1]。

在“儿童年”期间，国民政府对儿童读物的大审查行动，除了同“左翼儿童文学”展开较量外，还期望以举办全国儿童读物展览会的形式，在儿童课外读物的编写中，确立起“三民主义”至上的最高原则。故而，政府不仅派遣了教育部、内政部等官员代表参与到全国儿童读物展览会各项筹备和实行工作中，还安排了中央党部代表列席与展览会有关的每一场会议，严格监督诸项决议并提出意见[2]。然而，“三民主义”最终也未能被纳入儿童读物编著和出版的基本指导原则。经由全国儿童读物展览会筹备组的最终决议，儿童读物虽未必皆包含积极的党义因素，但仅须达到“不违反党义”即可[3]。这种“折中性”的规定表明，在“儿童年”中，“三民主义”至上的绝对权威虽已渗透到小学教科书中，却依旧未能在儿童课外读物中间建立起来。诚然，在客观上这也为除“左翼儿童文学”以外的儿童课外读物，提供了多元的生存空间。

[1] 茅盾：《儿子去开会去了》，《光明（上海）》1936年第1卷第1期，第2—5页。

[2] 《党部协助各地方儿童年实施办法大纲》，全国儿童年实施委员会：《全国儿童年实施委员会总报告》，第10页。

[3] 《全国儿童读物展览会评判用表用法》，全国儿童年实施委员会：《全国儿童年实施委员会总报告》，第201—203页。

值得特别留意的是，若从更深层次观察可知，在南京国民政府尝试以“三民主义”规制儿童读物，并清除“左联”话语在儿童教育中影响的背后，彰显的则是政治博弈这一实质，即国共两党围绕“儿童培养的主导权”展开的权力话语角逐。

“儿童年”期间，各界通过对儿童读物问题的讨论和实践，在内容的编写方面，基本达成了“符合儿童身心发展”和“适合国家和民族需要”的共识。若将该时期的儿童读本置于中国现代儿童读物的发展脉络中进行考察，则可窥见其在“五四儿童文学”与“战时儿童读物”之间所彰显的“承上启下”的特殊意义：在继承“五四”时期视儿童为“独立个体生命”理想的同时，将儿童提升到了“国家和民族未来主人翁”的地位；并且从追求儿童文学的艺术性和审美性，逐渐转向对中华民族文化和中国现实境况的观照，从而开启了全面抗战时期儿童作为“小战士”“小英雄”的角色建构历程。

这种“承上启下”，诚由全面抗战爆发前夜这一特定的历史时空所决定。“九一八”事变发生以后，随着民族危机的不断加深以及民族复兴思潮的日益高涨，社会各阶层皆被纳入抗战动员及准备的队伍中来，“儿童年”则是在这股思潮影响下对儿童进行整合的产物；与此同时，“五四”时期仅关乎儿童身心发展，而脱离国家现实和缺乏民族意识的儿童读物，已渐趋显示出不合时宜的一面，相反，“以国家为本位”的儿童读物则顺应了时代的召唤。诚然，“儿童年”正处于全面抗战爆发前夜相对宽松的环境中，故而，培育健全的现代儿童，沿袭“五四”时期“儿童本位”的精神，依然构成了此际儿童启蒙者诉求的重要组成部分。然而，全面抗战的爆发，使得儿童的生活与民族解放战争熔于一炉，儿童教育被纳入“国防教育”的范畴中来。为培养儿童反日、爱国、勇敢、耐劳、尚武、牺牲的精神，战时儿童读本被国耻内容、抗战英雄事迹、军事知识、国际新闻、防空防毒等日常常识所覆盖[1]，对儿童个性和身心的培养让位于民族救亡运动，“儿童本位”逐步为“国家本位”的教育理念所取代。

值得重视的是，“儿童年”间的儿童读本所彰显的作为“过渡时代”的历史特征，长久以来为研究者所忽略。对于儿童文学史发展脉络的梳理，学界多认为自1931年以后，儿童文学的创作理念即实现了从“儿童本位”向“国家本位”的转变[2]，尚未注意到自“九一八”事变至全面抗战爆发之间——这一“过渡时代”的儿童读物所展现的多元而复杂的文学生态。若将上述研究置于“大文学”[3]视野下进行考察，关注“过渡时代”的儿童读本与政治、社会及思想史之间的

[1] 徐兰君：《国难教育与战争经验日常化：国防游戏与儿童战时读本》，《儿童与战争：国族、教育及大众文化》，北京：北京大学出版社，2015年，第28—57页。

[2] 朱自强：《中国儿童文学与现代化进程》，杭州：浙江少年儿童出版社，2000年；张心科：《清末民国儿童文学教育发展史论》，北京：北京师范大学出版社，2011年。

[3] 李怡先生认为，应当将历史学、政治学、经济学等社会科学的认知纳入文学研究的视域，“将文学的阐释之旅融通于寻找历史真相之旅”。李怡：《回到“大文学”本身》，李怡主编：《大文学评论》第1辑，广州：花城出版社，2015年，第4—5页。

内在联动，不仅有助于理解从“五四”时期“儿童的发现”向全面抗战时期以儿童为载体的“国族想象”这一转型，同时为我们观察从“五四儿童文学”向“战时儿童文学”的变迁，昭显了丰富的历史图景。

# 中编·参考文献


## 一、档案

1. 全国儿童年实施委员会:《全国儿童年实施委员会总报告》，北京大学图书馆特藏阅览室藏，1936年

2. 中国第二历史档案馆编:《中华民国史档案资料汇编》第5辑第1编，教育（一）（二），南京：凤凰出版社，2010年

## 二、文集

1. 吴研因、吴增芥:《初等教育概论》，上海：中华书局，1934年

2. 吴研因、吴增芥:《小学教材研究》，上海：商务印书馆，1935年

3. 潘公展:《新生活运动中的小学教师与小学学生》，南京：正中书局，1935年

4. [苏]班台莱耶夫著，鲁迅译:《表》，上海：生活书店，1935年

5. 萧继宗主编:《革命文献·第六十八辑·新生活运动史料》，中国国民党中央委员会党史委员会印行，1975年

6. 高平叔编:《蔡元培教育论集》，长沙：湖南教育出版社，1987年

7. 王泉根选编:《中国现代儿童文学文论选》，南宁：广西人民出版社，1989年

8. 李楚材编:《陶行知和儿童文学》，上海：少年儿童出版社，1990年

9. 孔海珠编:《茅盾和儿童文学》，上海：少年儿童出版社，1990年

10.《陶行知、黄炎培、徐特立、陈鹤琴教育文选》，合肥：安徽教育出版社，1992年

11. 周作人:《周作人文选·卷二》，广州：广州出版社，1996年

12. 潘光旦:《潘光旦短评集》(下)，北京：群言出版社，2014年

13.《鲁迅全集(编年版)》(第8卷)，北京：人民文学出版社，2014年

14.《鲁迅全集(编年版)》(第6卷)，北京：人民文学出版社，2014年

**三、报刊**

1.《教育杂志》(1935)

2.《申报》(1934—1936)

3.《现代父母》(1934—1936)

4.《国货月报》(1934)

5.《大公报》(1935—1936)

6.《中央日报》(1935—1936)

7.《教与学》(1935—1938)

8.《安徽教育辅导旬刊》(1935—1936)

9.《学校生活》(1935)

10.《读书周刊》(1935)

11.《良友》(1935)

12.《申报月刊》(1935)

13.《国闻周报》(1935)

14.《家庭周刊》(1935)

15.《妇女旬刊》(1935)

16.《妇女与儿童》(1935)

17.《儿童与教师》(1935)

18.《中央党务月刊》(1935)

19.《政训半月刊》(1935)

20.《大上海教育月刊》(1935)

21.《湖北教育月刊》(1935)

22.《江西地方教育》(1935)

23.《浙江小学教育》(1935)

24.《每周评论》(1935)

25.《机联会刊》(1935)

26.《广播周报》(1935)

27.《晨光周刊》(1935)

28.《我存杂志》(1935)

29.《中国新论》(1935)

30.《福建教育》(1936)

31.《青岛教育》(1936)

32.《光明(上海)》(1936)

**四、著作**

1. 朱自强:《中国儿童文学与现代化进程》，杭州：浙江少年儿童出版社，2000年

2. 陈蕴茜:《崇拜与记忆：孙中山符号的建构与传播》，南京：南京大学出版社，2009年

3. 郑大华:《民国思想史论(续集)》，北京：社会科学文献出

版社，2010年

4. 张心科：《清末民国儿童文学教育发展史论》，北京：北京师范大学出版社，2011年

5. 徐兰君、[美]安德鲁·琼斯主编：《儿童的发现——现代中国文学及文化中的儿童问题》，北京：北京大学出版社，2011年

6. 王泉根：《中国儿童文学概论》，长沙：湖南少年儿童出版社，2015年

7. 徐兰君：《儿童与战争：国族、教育及大众文化》，北京：北京大学出版社，2015年

## 五、论文

1. 郑师渠：《近代中国的文化民族主义》，《历史研究》1995年第5期

2. [韩]迟贤淑著，赵吉译：《〈妇女杂志〉（1915—1931）中出现的有关儿童的论说——与〈新女性〉（日帝治下的朝鲜）比较》，"中央研究院"近代史研究所：《近代中国妇女史研究》2004年第12期

3. 王强：《"摩登"与"爱国"——1934年"妇女国货年"运动述论》，《江苏社会科学》2007年第6期

4. 赵妍杰：《不独子其子：五四前后关于儿童公育的争论》，《社会科学研究》2015年第5期

5. 任祖凤：《从上海的纪念活动（1924—1937）看我国多样的妇女节》，《中华文化论坛》2015年第8期

6. 李怡：《回到"大文学"本身》，李怡主编：《大文学评论》第1辑，广州：花城出版社，2015年

7. 高翔宇：《20世纪30年代儿童文学教育中关于"鸟言兽语"问题的论争》，《现代中国文化与文学》第15辑，广州：花城出版社，2015年

下编

# 女性解放与“身体革命”

## ——健美女性、大众文化与国族主义

“娜拉”出走后会怎样？这是变革中国文化与社会变奏的一项思想命题。女性以“浮出历史地表”破土而出的力量，挣脱着传统社会桎梏的牢笼，围绕机会平等、物质生活、精神世界等各领域，争取独立并探索新生之路。其中，“身体革命”演绎着近代中国女性解放进路上“娜拉”的长歌。

20世纪30年代，追求健康美、自然美，摒弃古代中国的病态美与“摩登女郎”的人工美，成为民国时期妇女运动进程中一道不可遮蔽的景观。健美的论述在近代中国民族主义话语的激荡下应运而生。一方面，西方女性健美形象的传入推动了中国健美文化的催生，另一方面，国难危机的来临促使中国本土也产生了强国保种的诉求。然而，以欧美各国的健美女性形象作为效仿对象，显然是旧时代中国缺失文化自信力的某种体现。

伴随着健美运动的兴起，女性参与者无不表现出融入都市文化与现代化的欲望，她们或是积极从衣食住行等方面改变原有的生活方式，或是以购买国货取代洋货，表达爱国主义与追求进步的政治立场，或是以质朴的人生姿态划分出与“摩登女性”的身份区隔，赋予自身“新女性”的标签，以多样化的方式实现女性赋权与主体性人格的建构。为抹除“东亚病妇”的刻板印象，践行海派文化书写下的都市认同，健美女性成为“移动的身体”——从公共空间到消费空间，从室外空间到室内家庭——覆盖了校园、运动场、公园、游泳池、海滩等一切“流动的场域”。

不过，父权制文化结构作为一种无形隐匿的存在，始终对健美女性构成风险和挑战。无论是制定衡量女性是否合规的“健美指南”，还是衍生出系列以健美为名的商品及用药，本质上形成了一套以“规训女性身体”为前提的霸权逻辑，并充斥着物化女性的危险。不可避免的是，健美女性成为男性凝视的“他者”，肉感曲线、裸体形象、电影工业等，模糊了“女性健美”与“色情文化”的界限。值得进一步思考的是，尽管女性为迎合男权文化的审美诉求，未能完全逃逸“自我物化”的藩篱，但毕竟她们开始关注女性主义范畴的“自我”，并希冀通过健美的途径驾驭能动的身体，在“发现身体”的同时，表达女性呼应时代洪流的历史主动力。

本编借助社会性别研究视角，深入解读作为两种不同审美文化取向的“自然美”与“人工美”在竞逐与博弈的同时，如何共同引领着民国时期女性审美文化的新潮，民族主义、商业文化、都市想象怎样从不同维度嵌入女性身体史的研究。至于女性对于“时尚、健康和美”的塑造，既是近代中国政治运动与思想启蒙外力下的产物，同时也摇曳着女性内部群体发现“自我身体”与实现“自我觉醒”的历史摆荡。

## 第一节

# 健美论述的催生：民族主义与女性气质的协商

“身体革命”是女性解放的一项重要议题，妇女运动的进路摇曳着近代中国社会政治文化变革的历史摆荡。古代中国的家庭伦理规训着女性幽闭于深闺大院，以层层衣物包裹着自己的身体，“三寸金莲”成为封建社会上层女性身份的标识与出嫁的资本。然而到了近代，列强的入侵、通商口岸的开放、启蒙思想的传入，促使中国女性的社会生活发生急剧的转向，并开启了从传统迈向现代化的艰难历程。在传教士、维新思想家、资产阶级革命派合力的推动下，如何通过改造女性的身体，进而挽救颓靡的国族命运，成为男女两性先进文化人共谋的政治考量。

作为研究方法的“身体史”，可谓切入变革中国激荡变奏下文化与社会图景的观照窗口。姚霏在《中国女性身体形塑研究——以“身体的近代化”为中心》中，围绕近代中国女性身体的形塑进程提出了“三个阶段”的重要论述。其中晚清女子的不缠足运动，是为改造“弱种”隐喻的女体；辛亥革命后女界的剪辫易服，是为打造“进化”象征的女体；至于民国中后期以烫发、旗袍、高跟鞋为特征的都市女性符号，是为塑造“摩登”符号的女体[1]。曾越在《社会·身体·性别》中引入图像史学的新视角与新方法，揭开了动态发展中的女性服饰、身体形态、人体艺术、审美风气与两性关系之间交错纵横的关系，观察了近代中国女性的身体从禁锢中突围，在解放中颠簸的曲折之路[2]。

在不少女性主义学者看来，女性气质的标准绝非一成不变，而是特定历史阶段社会建构下的产物，如波伏瓦在《第二性》的绪论中即明确指出“女人不是生而为女人的，而是后天变成女人的”，成为西方早期女权运动的旗帜性号召。

伴随着从帝制迈向共和的政治重建与社会转型，与女性的“天足”取代“缠足”的同时，知识精英与社会大众围绕塑造新时代女性的审美风尚展开了热烈的讨论，这意味着女性的身体从私领域走向公领域，“女体公开化”构成了民国时期现代的都市生活与浪漫的海派文化一道迷人的历史风景。

除了穿梭于各大公共空间、消费空间的“摩登女郎”掀

---

[1] 姚霏：《中国女性身体形塑研究——以“身体的近代化”为中心》，《甘肃社会科学》2012年第3期，第111—115页。

[2] 曾越：《社会·身体·性别——近代中国女性图像身体的解放与禁锢》，桂林：广西师范大学出版社，2014年。

起了一场性感撩人、挥金如土的消费主义风潮外，20世纪30年代的上海滩还涌现出一股追求自然美、抵制病态美的“健美女性”群体。耐人寻味的是，尽管“健美女性”与“摩登女郎”在气质装扮与生活方式上可谓迥然不同的人群，但却凭借海派文化的滋润土壤能够和谐共存，并得以构成引领民国女性审美风尚的两条源流。无论是“健康美”还是“人工美”，皆可以指向时尚、现代化与都市节奏的新潮，各自派生的商品化经济也显示出充满耸动性的文化取向，洋溢着青春女性人生的欲望、激情与想象。

关于前者，李欧梵在《上海摩登：一种新都市文化在中国（1930—1945）》涉及摩登女性、都市文化与现代性景观的研究，是最具代表性的经典之作[1]；除此，张勇在《摩登主义：上海文化与文学研究（1927—1937）》中，从商品生产、日常生活美学、消费逻辑、文本书写与文学体验等方面揭示了摩登主义与现代化实践之间的复杂张力[2]；张平、任文惠在《另类的都市摩登》中以上海的舞蹈文化为切口，解读了舞厅作为摩登文化的意象，摩登男女的社交、舞女形象的大众传媒建构与自我情感倾诉之间形成的“娱乐、风月、流言”的

[1] 李欧梵：《上海摩登：一种新都市文化在中国（1930—1945）》，杭州：浙江大学出版社，2017年。

[2] 张勇：《摩登主义：上海文化与文学研究（1927—1937）》，北京：中国社会科学出版社，2015年。

舞圈什景[1]；唐姆嘉在《20世纪30年代社会媒介的“摩登女性”想象》中结合新生活运动这一时代背景，从家庭职能的强调、传统妇德伦理、两性关系与性别秩序、国民责任的维护等几个方面论述了南京国民政府与社会各界对于女性身体的政治规训[2]。

关于后者，游鉴明在《近代中国女子健美的论述（1920—1940年代）》中细致梳理了媒体杂志的多元评说，考察了近代中国女子健美论述的多重维度，具体包括：如何以“健康美”为建立女性美的新标准，怎样看待在健美运动中女性“解放身体”与“束缚身体”之间互相缠绕且细致而微的关系，并着力挖掘了民族主义为何作为研究近代中国妇女史的一项“关键指标”而非“唯一指标”等理论问题[3]；李从娜在《近代中国报刊与女性身体研究》中以《北洋画报》为例，分析了以提倡体育为核心的天足与天乳运动，借助西方为效仿参照的镜像，完成了中国女性身体的健康建构[4]。

就此意义而言，需要将女性健美问题的探究投射到广袤

---

[1] 张平、任文惠：《另类的都市摩登——追溯上海舞厅舞蹈文化》，北京：人民音乐出版社，2011年，第108—158页。

[2] 唐姆嘉：《20世纪30年代社会媒介的“摩登女性”想象》，《妇女研究论丛》2017年第5期，第79—89页。

[3] 游鉴明：《近代中国女子健美的论述（1920—1940年代）》，李贞德主编：《性别、身体与医疗》，北京：中华书局，2012年，第245—278页。

[4] 李从娜：《近代中国报刊与女性身体研究——以〈北洋画报〉为例》，北京：中国社会科学出版社，2015年，第124—163页。

的时代战场，加以“脉络化”视域的考察，深入理解女性身体的革命实与思想文化的启蒙相伴而生，不仅是人体生物性的还原与再造，同时还是近代中国西学东渐与民族主义思潮交织冲击下的产物。在此基础上，笔者拟从史料整理为基础，借助社会性别理论等跨学科研究方法，探讨健美论述的催生与民族主义话语之间存在怎样的联动，经由多样化的健美运动如何赋予了女性主体性身份的建构，在消费文化与资本运作的背后隐含着何种程度“物化女性”的危险，以及健美女性在被动接受“男性凝视”以外，如何凭借历史的主动力完成女性自我生活的再造，由此议题出发，丰富女性/性别史研究与民国女性日常生活的立体面相。

## 一、来自西方的健美健将

伴随着欧风美雨的浸染，西方政治理念、学术思想、社会文化等分别以不同形式传入中国，悄然拉开了近代中国社会变革的帷幕。第一次世界大战结束后，作为一种新式大众文化体验的健美运动，既是西方女权运动的重要一环，也成为中国报刊媒介观察西方社会的一面“东方镜”。

早在1929年的《生活》杂志上，便刊登了题为《日常动作的健美机会》的文章，介绍了白尔汀（Estelle Keys Bertine）女士是如何做到“绰约多姿”，为人称羡，无论静立还

“你瞧她们的身材合度体态轻盈，堪称‘健美十杰’”，
《时报》1935年2月8日，第2版

是步行，“体态无不活泼美丽动人”。据悉，她从体育原理出发，结合自身实际情况，每日将柔软操融入料理家事、职业办公等各种日常动作。她以“腹平的方法”为例，称一个人全身的重量，须在全身有合宜的分配，因此要注重保持身体的平衡，除了在办公室静坐时可采用吸气—呼气“一缩一弛”的练习，起立之时也“务使腰部随着腿同时用力”，凡一举一动皆可利用为练身之功[1]。

至1930年以后，各大画刊逐渐兴起了刊登健美女性的图文，代言者主要来自西方健美女性的典范。《良友》画报是引领近代中国大众读者阅读市场的畅销读物，曾于1930年以

[1] 孤峰：《日常动作的健美机会》，《生活（上海1925）》1929年第4卷第28期，第308页。

《健而美的体格》为题，刊发了世界闻名的健美女士运动的照片。总的来说，这些西方女士并非苗条瘦弱，而是有意突出粗犷体魄的表现力。如美国爱丽丝怀狄（Alice White）女士以贴身泳衣出镜，显露丰莹壮硕的肌身，Doria Hill女士矗立在波浪滔天的海滩，标榜“海水浴能使皮屑强健不易染病”，Barbara Kent女士以工装短裙套装从事高尔夫球运动，称“户外运动，常受阳光照，是最科学的卫生”[1]。

除此，报纸杂志还以图文并茂的解说，以“说故事”的翔实方式，讲述了一些西方女士通过健美运动改造人生的范例。然而，健美并非等同于女子的体育竞赛运动，还要考察女子改造身体的效果及程度。《玲珑》杂志挖掘到美国的黛美女士，她经由审美家的评判，成功地被公认为符合健美女性的“体格标准”：

（一）身体高度五尺五寸半；（二）身体重量一百二十磅；（三）颈部周围三十四寸半；（四）胸部周围三十四寸半；（五）手腕周围五寸四分三；（六）腰部周围二十六寸；（七）臀部周围三十六寸半；（八）大腿周围二十一寸半；（九）小腿周围十三寸四分一；（十）足踵周围八寸。[2]

[1] 《健而美的体格》，《良友》1930年第45期，第25页。

[2] 《健美的标准》，《玲珑》1932年第2卷第74期，第1112页。

第四十五期　良友　24

體育界

健而美的體格

Healthy body, healthy mind

世界聞名的健美女子克來拉寶女士

美國愛麗絲懷狄女士之體魄

戶外運動，常受陽光照，是最科學的衛生。

海水浴能使皮膚強健不易染病

Doris Hill

用洋水袋練習泅泳

Clara Bow　　Top: Alice White.　Below: Barbara Kent,　　Jenny Jungo

“健而美的体格”，《良友》1930年第45期，第25页诚然，健美发生身体生物性的效力还需要经过时间的沉淀，以及女性持之以恒的耐力。《世界画报》表示，女性健美之路切忌“三日打鱼，两日晒网，一曝十寒”的做法，关键在于“下决心每天做相当的运动”，才能做到如电影明星茉莉女士摄影示范的体态，“肌肉丰满而不臃肿，曲线苗条而不露骨”[1]。《艺友》杂志阐述了纽约著名的舞蹈家 Miss Virginia Karns 女士之所以能够维持在舞台的荣光与闪耀，在于对美容与线条修养之术已积累了7年的练习经验[2]。《复中半年刊》中还分享了两位美国体育学泰斗列戴民氏（Eerle Liederman）、亚里斯氏（Charlor Atlas）为女性健美提供的建议。前者以20余年的探索时光，“训练了许多肌肉发达的青年”，并成功研究出“三个星期能改变衰弱的体魄”的步骤及方法；后者“现身说法”，表示在过去的练习中，起初未讲究科学原理，一度导致灰心丧气，直至高二年级购得各种关系于“肌肉发达法”的书籍，“照样循依其法去，差不多在一年中，上臂由已十二英寸增至十三英寸半”，此后便“好像打了吗啡针一样，便继续不绝的锻炼”，而这种简易的健美练习，无论男女老少，众皆适用[3]。

至于女性从事健美运动的益处，也是讨论者津津乐道的热点问题。《玲珑》杂志亮出“健美的体格是值得羡慕的，可

---

[1] 《到健美之路》，《世界画报（北京）》1936年第542期，第2页。

[2] 《健美的体格的养成》，《艺友》1931年第11—12期，第41页。

[3] 陈联聪：《健美体格简易锻炼法》，《复中半年刊》1937年第1期，第159页。

以延年益寿”这一旗帜鲜明的口号[1]。

既然美貌的诱惑是属于每一个女性的青春之恋，那么健美则成为保持女性年轻美貌的一项重要条件。据《康健杂志》报道，成长于美国的玛理耶沙白夫人，尽管已经年过40，但“看上去不使你觉得她是一个半老的老徐娘，因为她底美丽和康健还像一个妙龄处女一样地动人”，而简单的健美运动正是她“却老驻颜”的妙方与秘术[2]。《竞乐画报》援引好莱坞明星参与体育活动，呼应了健美与女性容貌美丽这一话题。好莱坞女子缘何“一日比一日来的好看了”？是因为这些明星们掌握了体育知识。她们或是在外景的大本营树上装配了绳子、秋千等工具，或是喜欢做种种体操，或是热爱跳舞、游泳，以体育运动取代美容术，丰收了美丽与年轻的价值，“这个结果是人人康健了，由康健她们就得到好的面色，有神采的眼睛，健美的身体”[3]。

重要的是，健美还有助于现代社会女性的择偶与婚姻。对此，《铁报》认为，经过铁血宰相俾斯麦的影响，德意志男性青年选择配偶时，无不希望女性拥有“硬健的体格”，绝非那些仅是外表装饰与身材漂亮者，由此形成了德意志妇人

[1] 《玲珑》1931年第1卷第10期，封3。

[2] 湘客：《妇女健美的运动》，《康健杂志（上海1933）》1934年第2卷第7期，第22页。

[3] 《好莱坞明星之体育健美热》，《竞乐画报》1936年第10卷第74期，第13页。

成为“体格美女”的社会风尚[1]。《女朋友》杂志刊登了金碧华女士对健美之于家庭美好生活向往的看法。她表示，“要是一对所谓多病善忧的异性，就是一天到晚在那里亲热地接吻，其中的情趣终不会脱却病与忧的气质”。因此，健美堪称爱情的“情爱委员委员长”，是维持爱情生活的“权威者”以及整个婚姻生活的“主席”[2]。

除了为个人着想起见，健美还具有世界主义的眼光。《大公报》解释称，欧美各国崇尚的健美思潮目标多元，关注侧重点各异，古代斯巴达的体育观念“为造成国内勇士”，雅典“为发展身体健美”，瑞典“注重康健卫生”，德意志“注重发达肌肉”，美国“在造成完全人格”[3]。

随着西方健美女性形象在中国媒介的传播，健美文化作为西方文化的“舶来品”，成为西学东渐的重要支脉，深刻改变着中国女性的社会生活。与此同时，促使女性“美”的形象在近代中国发生了一个重要变化，即从传统社会推崇的“病态美”转向了“健康美”的建构。

古代中国，西施凭借“以病为美”荣膺“四大美女”之冠，林黛玉“以药度日”的阴郁气质则长期占据着旧文人的欢心。《千秋》杂志溯及古代文化典籍，发现四处充斥着“人比黄花瘦”“弱不禁风”“春愁”“春困”“慵惰”等关于女人“病态

[1] 怀：《德意志妇女的健美特征》，《铁报》1937年6月7日，第4版。

[2] 金碧华女士：《健美与婚姻问题》，《女朋友》1932年第1卷第9期，第8页。

[3] 《全国体育界之醒钟》，《大公报（天津版）》1931年1月25日，第8版。

美”的颂歌，直至近代，这种对于女性形象的负面描写仍未完全消除，如鸳鸯蝴蝶派作家徐枕亚的《玉梨魂》塑造的悲情角色即是典型一例，究其本质在于文人墨客“实在把女人当玩物者”。自健美文化广为提倡后，“大有将‘病态美’一扫而空之势”。因此，以西方健美女性为“标准美人”，效仿她们身上所具备的“乳峰”“玉腿”“肥臀”“蓬发”“玉臂”“身长玉立”等，帮助国内女性完成女体的革命性改造[1]。在这种西学东渐思潮的感染下，中国的女性运动也纷纷向西方学习取经，并以西方文化为参照坐标。《电影月刊》高喊“打倒林美人”“奔向健美之路去”的口号，呼吁中国女性“提起你们疲倦萎靡的精神，放弃你们那等于自杀的娱乐，立下你们的决心……为你的身心求安全，为你未来的命运求光荣，因为世上最高贵的幸福是属于健美者的”[2]。

可见，女性健美文化是全球化与中国现代化进程的产物，至于以何种标准衡量“女性美”，建立一种全新的“女性气质”，实际上依托于一定的历史条件。换言之，所谓的“女性气质”并非与生俱来，女性气质与女性美的建构仍是作为一种文化制度的存在。诚然，近代中国女体改造的发轫与西学东渐的风潮密切相连。但需要说明的是，以西方健美女性形象为模仿的镜像，激烈地批判中国女性的“病态美”，显然是建立在种族主义的区隔之上，背后反映出近代知识精英

[1] 《健美与文学》，《千秋（上海1933）》1933年第6期，第4—5页。

[2] 丽光：《奔向健美之路去》，《电影月刊》1932年第16期，第8页。

以“西方文化”改造“东方文化”的欲望与诉求。但他们这种迫切振兴中华与民族复兴的心理，导致不可避免地陷入了以西方文化为上位的思想困境，这也折射出南京国民政府统治下的民国社会对于文化自信力的某种不足与缺失。

## 二、强国保种风潮的扑面

与西学东渐并行，民族主义思潮的缠绕，也成为革命中国进路上最具影响力的话语强音。众所周知，近代中国体育运动的勃兴与救亡图存的感召紧密结合在一起。基于此，女性从事健美活动也要顺应时代的洪流，至于改造女性身体的运动，便自觉地嵌入国家存亡、民族复兴的重要论述。因而，女性身体不仅是属于个人的，同时还从属于“国家化”的范畴，这种革命性、时代性、民族性的显著特征，在20世纪30年代国难危机的背景下，更显示出国族主义的浓厚色彩。

早在1930年,《智识》杂志在刊发的《中国女子的健美》一文中即极力否定闺阁千金时代的小姐们“以病为美”，力主淘汰古代社会“多愁工病”的女性美，正所谓“西子捧心，也值得东施效颦……林妹妹的从落地到死，不曾离过一刻儿药罐头”。作者观看了某体育学校举办的游艺会，发现那些女学生们尽管表演了活泼跳动的舞蹈，但普遍是“肥矮的身段”，且“大都是上半身比下半身来得长”，身材极不匀称。

作者指出，健美的女性气质，不仅是《诗经》中所称的“美目盼兮”，除了面部以外，更要重视强健的身材。至于塑造强健身体的背后，其实关涉的是女性的生育问题，“有良好体格的母亲，才会有良好天资，和先天充实的儿子”，否则“病态的母亲，只有造成残弃或软弱的子女”[1]。这番论述揭示了母体的健康与未来小国民的诞生之间的直接关联，促使女性的健美事业具备了国族话语的指向。

除此，同一年的《中国摄影学会画报》也在“健与美”的宣言中阐述了这一议题：

> 我们觉得“健美”运动，才是救国的第一种运动。提倡健美的少女才是第一流的爱国分子，无健美的少女，就无强盛的民族。欲求民族达到强盛的目的，非实行女子体育运动不可。[2]

“九一八”事变后，饱含民族苦难的抗争与情绪持续高涨，强调“强国保种”与女性“身体国家化”的叙事逐渐成为中国妇女运动的主潮。1932年，《健美画刊》在此历史情境下应运而生，并在发刊词中明确表达了这一政治用意：

> 我们中国，因为数千年来旧礼教、旧道德束缚

[1] 玲：《中国女子的健美》，《智识》1930年5月7日，第4版。

[2] 《宣言》，《中国摄影学会画报》1930年第5卷第230期，第1页。

的结果，一般人对于“美”的感觉，不甚敏锐……因此我们只成为“礼教之邦”“衣冠文物之邦”；而“美和健康”便脱离我们民族而远飘了。西方人士讥我们为“东方病夫”，并不是毫无来由的……东方的病夫也已经要兴起来了。我们再不能为吃人礼教所桎梏。我们要打破前人的迷妄，努力追踪于西方各国。我们要夺回我们的“美”，我们要恢复我们的“健康”。提倡“健美”的运动，因为现在积弱的中国，是绝对必要的。运动应该提倡，溶“健”与“美”于一炉的指导刊物，更属必要而不可缺。[1]

可见，拯救积贫积弱、落后挨打的近代中国，亟待呼唤健美的女性。一方面源于她们一旦拥有了健康的身体，便能够更好地承担起相夫教子的责任，从而助力男子们完成中华民族复兴的伟大事业，另一方面则因为只有锻造健而美的母亲身体，才能生产出健康的儿童，进而为革命的中国注入活泼健康的肌体。在民族主义话语的裹挟下，女性健美运动具备了与国家命脉存续之间血肉相连——更为深远的意义。

1934年，《时代日报》在刊发的《女性健美论》一文中同样强化了这种国族论述。作者分析为何如今的中国背负着“东亚病夫”的历史污名，并导致“孱弱沉暮的风气，深中

[1] 《刊前语》，《健美画刊》1932年第1期，第3页。

人心”，民族命运的多舛与式微成为“重要的因子”。试问，“多愁善病的妇女，怎能产出强健的种子，怎能负延续民族的重大使命”？有鉴于此，女性应当自觉摒弃养尊处优的生活，形塑健美的体魄，将“慢性灭亡的病根”铲除殆尽[1]。

女性健美气质的形成与国族主义协商的论述，在各大刊登健美的报刊上比比皆是，显示出广泛的时代面相，不仅成为女性追求男女平权的突破点，还嫁接了建设现代文明的家庭职能与家风家教的责任。与此同时，文化知识人也在不断深化建构着女性主义践行民族国家话语的想象。

关于前者，1933年的《健美画刊》明确指出，女性拥有了健美的身体，可以摆脱沦为男性玩偶的命运，“求健美的表现，不专供男子的玩弄”，由此锻造独立自主的女性人格与主体性的身份地位[2]。1934年，《斗报》以驰骋于运动场的女运动员群体为例，赞扬她们走在时代前列，实现领先发展，以主动力的姿态与风貌，对抗女性的娇弱，在“身体解放”层面迈出了勇敢坚毅的一步，引领了改造身体与强身健体的新风尚，这无疑是实现两性平权旅程上的关键一环。据悉，早在此前的两三年，运动场上还蔑视那些裸臂的女性，而经过几次全国运动会后，本来穿着“灯笼式”短裤的女运动员，“也就一个个换了短裤，显出腿部来了”，这些健美的女性在解除了衣服的束缚后，得以完成自我挑战，不断在运动史上

[1] 《女性健美论》，《时代日报》1934年8月16日，第2版。

[2] 《有健美的身体，有强健的民族》，《健美画刊》1933年第8期，第10页。

创造新纪录[1]。

关于后者，女性健美运动还契合了南京国民政府对女性简朴的训育，并与新生活运动前后政府当局倡导的“妇女回家”思想之间存在暗线的关联。《妇女生活》杂志刊登了女性视角的论文，作者署名是郭秀仪女士，她表示健美的女性要承担起购买国货的自觉。她批判一些受到“洋化”侵袭的物质享乐者，“大买其西洋的衣料，手袋，皮鞋等”，阻碍了国货的销路，反而给予了帝国主义列强经济侵略的可乘之机。针对这一现象，她主张健美女性的先进者，切勿“因求‘健美’之外表而太事浪费”，须知健美的衣着与服装，“虽是一件布衣，一双布鞋，只要式样合乎时代，就是朴实无华”，有必要格外注意“俭的美”。因此，女性健美便与国货运动建立起天然的联系，从而达成了挽救国运倾颓的使命共识[2]。

除此以外，《健康家庭》杂志建议那些健美女性还要在“组织家庭”问题上抱有“十二分希望和热忱”。如革除旧式家庭赌博等恶习，以改良家庭为起点，身体力行，完成改良社会之事业：“盖人生一切幸福，都系于身体的健康，有健全的体格，而后能育健全之子女，有健全之子女，而后能组建健康之家庭，有健全之家庭，而后能成立健全之社会，推而

[1] 小孟：《健美运动》，《斗报》1934年第4卷第20期，第305—306页。

[2] 郭秀仪女士：《从健美到俭美》，《妇女生活（上海1932）》1932年第1卷第1期，第12—13页。

及于整个民族之生存强大。”[1]

诚然，在民族主义风潮冲击下的健美运动，不单是女性责任的专属，男性也是“优生学”倡导的重要对象。社会学家潘光旦呼吁，近代中国社会所需要者，既离不开“康健的母亲”，还要有“康健的父亲”，正所谓做一个“美男子”[2]。换句话说，那些以追求力量与速度为特征的健美男性，也纷纷参与到了健美角色的建构，这彰显近代中国健美文化本身即蕴藏着两性平权的重要元素。

[1] 《贡献给健美新娘的意见》,《健康家庭》1937年第1期，第35页。

[2] 韬晦:《健美不单属女性》,《千秋（上海1933）》1933年第6期，第1页。

## 第二节

# 女性赋权与主体性身份的重构

健美风潮兴起后，参与健美的女性无不解除囚禁身体的牢笼，积极改造曾被束缚过的女体，追求矫健的体魄，呈现出勇敢开放、阳光洒脱的新风貌，活跃在各大公共空间与消费空间，成为摩登现代都市一道迷人的景观。她们不再以严实的衣物包裹遮蔽自己，而是主动进行部分的裸露，力图展示出女性身体的强健与美感，开创了近代中国女体公开化的新里程。

不过，一旦女性的身体从家庭的私领域进入社会的公领域，健美女性便成为媒体报刊言说的对象，她们身体的各部位，皆成为大众文化欣赏或品评的焦点。除了契合男性物化女性的审美噱头外，健美女性的身体还承载着男性知识精英对于母体康健与健全儿童的希冀。重要的是，作为“国民之母”和“女国民”双重身份的健美女性，还被赋予了复兴国族的使命和期待，民族主义思潮的激荡促使她们拥有了“家庭责任”与“家国情怀”的双重价值。

值得探讨的是，健美女性除了具备国族主义的符号化象征，成为文化知识人解说妇女解放与妇女运动的“客体角色”外，她们是否在健美运动的过程中也成功建构女性的“主体角色”？实际上，在投身健美场域的同时，她们也一定程度上实现了自我的解放、女性的启蒙，以及女性主义的权利与主体意识的觉醒。

具体而言，这表现在：健美女性将康健的身体作为“悦纳自我”与安身立命之本，以独立自主的姿态找寻她们之于摩登都市的坐标，极力抹除外国列强之于“东亚病妇”的刻板印象，从而确认“新女性”与进步人士的身份标签，并在动态的社会空间中凭借能动的身体融入现代化城市生活，彰显对于现代性文化的欲望与想象，书写健美人生的风景。

## 一、“反摩登”话语与融入都市文化现代化的欲望

早在女性健美运动兴盛之前，五四新文化运动以来，以烫发、旗袍、高跟鞋为显著特征的“摩登女郎”伴随着浪漫的海派文化应运而生，这一女性群体对于生活在现代城市的社会大众而言，产生了一股强大的视觉冲击力，一度引领着近代中国女性审美新潮的流变。这些“摩登女郎”年轻、美丽，

“非洋不用的摩登女郎”,《申报》1937年4月7日，第14版

身着剪裁修身的旗袍，摇曳着婀娜的身姿，乘坐高贵典雅的汽车，出没于高楼大厦，穿梭于人群集市，促使20世纪初叶的上海滩充满着东方矫饰的情调和慵懒的气息，成为现代城市化进程中为自由文化空气代言的“他者”[1]。

然而，至20世纪30年代，“摩登女郎”游荡在咖啡馆、跳舞场、跑马场之间，爱慕虚荣，肤浅享乐，拜金主义，挥金如土，朝三暮四，盲从自由恋爱、自由结婚、自由离婚。这些放浪形骸的作为，不仅丧失了古代文化规训的贤淑安静，而且颠覆了传统社会的两性关系，破坏了家庭伦理，逐渐引起包括左翼进步人士、文化民族主义者、国民党官方统治者等在内的各界“集体性”批判。尽管如此情形，但毕竟，“摩登女郎”为海派文化和摩登都市的社会生态做出了某种现代性解释的文化定向，成为确立小资产阶级的现代女性气质，甚至是城市上层贵族的身份标识[2]。

既然“摩登女郎”的“道德反叛”招致了社会的非议与诟病，那么，如何建构出符合“新女性”的城市身份？在这种特定的女性解放背景下，形塑健美的女性气质，拥有健而美的女性身体，遂成为与“摩登女郎”进行话语竞逐的凭借。

---

[1] 曹星原：《在摩登女性与女画家之间：民初上海现代性文化的重新定位》，姜进等：《娱悦大众：民国上海女性文化解读》，上海：上海辞书出版社，2010年，第123页。

[2] 董玥：《谁惧怕摩登女郎？》，姜进等：《娱悦大众：民国上海女性文化解读》，第168—178页。

"从乡下姑娘到摩登女郎",

《大公报（天津）》，1932年12月29日，第9版

于是，"反摩登"成了健美女性的一个重要的身体叙事。

1932年的《妇女生活》杂志上以《谈谈健美》为题，同时刊登了李瑞云、钱静云两位女士对于"摩登女郎"的质疑。李瑞云女士发出设问：

> 一个女子，穿了漂亮的衣服，高跟皮鞋，烫着时髦的头发，搽上浓厚的脂粉……这样便算为"美"？再有一个女子，她有苗条的身材，杨柳般的

细腰，纤纤的玉手，秋波的眼，樱桃的嘴……这样她又算为“美”吗？不！绝对的不能……现代女子的“美”，既不在于“漂亮的服装”，更不在乎“苗条的身材”，她第一个先决条件，就是有没有“健”全的体格……

钱静云女士呼应了这一看法，认为女子虽然解放了缠足、束胸，但还要继续挣脱束缚身体的一切锁链，至于那些腰如杨柳的“摩登女郎”，任凭加以人工修饰，仍是“形同枯木的弱女子”，无法站在现代女性“美”的解放阵线[1]。

与此同刊期，《妇女生活》还发文指出，要警惕“有美无健”的女性解放运动，并劝诫“摩登女郎”停用那些“毁容不持久”的舶来化妆品，勿为无用的消耗，“倘使风霜稍轻，老态顿露，仍淘汰为庐山真面目，或益增憔悴，将何以再临镜自盼”[2]。

这种以“敬告摩登女子”相标榜的“反摩登”话语，还表现在论者将“摩登”“危害女性自身”之间建立起了必要联系，从而增强健美的说服力。例如，《上海报》称“摩登女郎”之装扮容易招致强盗袭击。其刊文称，自欧风东渐以后，不少“摩登女郎”为了时髦，偏用崎岖不平的“高跟鞋”代替

[1] 《谈谈健美》，《妇女生活（上海1932）》1932年第1卷第11期，第249页。

[2] 戚天别：《健美的基础》，《妇女生活（上海1932）》1932年第1卷第11期，第248页。

平稳的“平底鞋”，如今社会盗窃遍地，劫风强盛，妇女们行走于路上，若手上拿有名贵的皮夹，或珍贵的饰物，“假使穿着平鞋……还不致落手，如果是穿了高跟鞋，这便是妇女们自暴弱点”，因之限制了奔跑速度，极有风险沦为财物的丢失者[1]。

又如，《千秋》杂志指出，“曲线美”不等于“健美”，仍是“病态美”陈腐的遗迹。那些来往于电影院、咖啡店、饮冰室、跳舞场的“摩登女郎”，将“衣服束得又紧又窄，显露着全身的曲线……不过是男子们的消遣和玩赏物罢了”[2]；她们其实误解了健美的真谛，“以为只要涂脂抹粉，凸臀耸乳高跟其鞋，缠身其衣……岂知这是大误特误……还是不能免去十八世纪的‘病西施’的美”[3]。

此外，《华年》杂志则直接将“摩登女郎”视为健美人生的敌人。其表示，“各种需要女子色相的娱乐或消遣事业”，实为一种“杀人的运动”，甚至可谓“毁灭健和美的洪炉”。至于上海的舞女、公司中的女职员、游艺场中的女招待，不少人是假借“艺术”“解放”“自由发展”“经济独立”等现代化的新奇辞藻，进而达到投机取巧、猎人眼球的目的，“来增加多数人生活的乐趣，来满足少数人发财的欲望”[4]。

---

[1] 椿开:《警告摩登妇女》,《上海报》1932年11月12日，第8版。

[2] 征祥:《怎样做一个健美的女子》,《千秋（上海1933）》1933年第6期，第13页。

[3] 企范:《健美论》,《千秋（上海1933）》1933年第6期，第17页。

[4]《健美女子的去路问题》,《华年》1933年第2卷第17期，第322—323页。

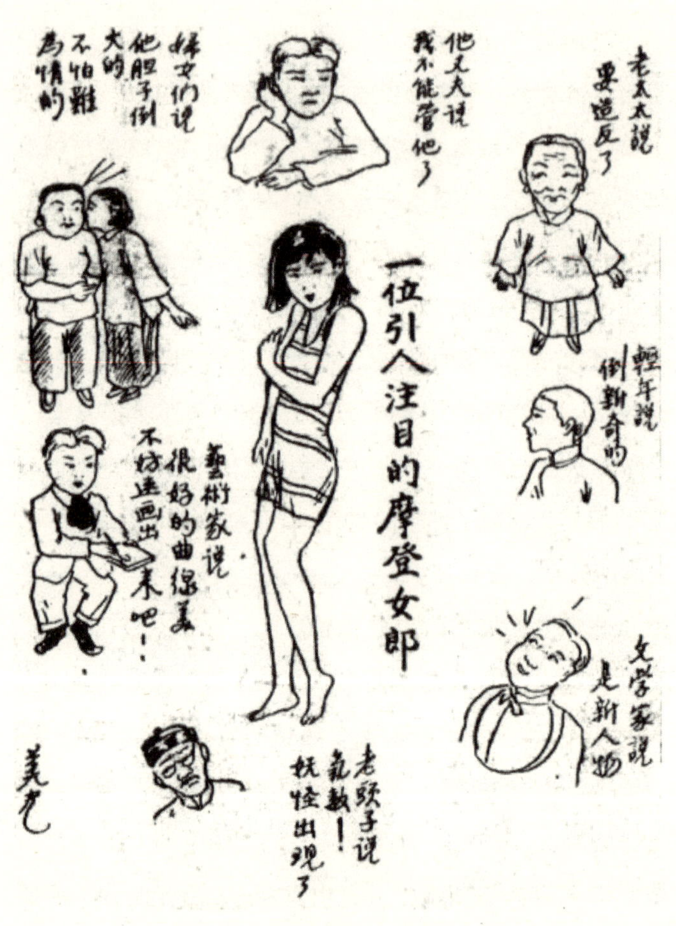


“一位引人注目的摩登女郎”，
《大光明》1932年7月3日，第2版

既然“衣冠文物”之美应在推倒之列，那么，下一步需要树立的则是顺应时代新潮“美”的先锋。《健美画刊》在创刊词的“对读者声明”中明确了这一指引性的用意，其并未否认女人爱美的天性，但认为女性“美”的气质需要建立在健康和运动的前提下。论者称，“美人尤其是人类最崇拜的目标，没有一个男子不希望接近美人，没有一个女子不希望自己变成一个美人”，尽管“因为天赋的不同”导致女性之间相貌的差异，但只要具备了“健而美”的气质，皆可以养成“作美人的资格”，因为“健康是补助美化，促进美化，保持美化的最重要条件”，而其中的关键要义则在于坚持运动、爱好运动[1]。

从“反摩登”话语叙事中可以看出，健美女性希望通过康健的身体，适应现代化变革与转型的浪潮。在以上海滩为首的摩登都市中，她们渴望被社会大众所接纳，主动顺应近代以来审美文化的变革，并以“健而美”的姿态向现代性的城市靠拢，冲破“摩登女郎”独领风骚的占领地位。需要注意的是，虽然“摩登女郎”的阶层身份良莠不齐，但总体上还是资产阶级与上层社会的专属，至于健美女性的来源可以更“接地气”，其话语体系本身也显示出一种“平民化”的力量。她们积极投身健美风潮，把握主动力，显示主动性，力求融入城市的主流生活并捕捉其韵律与节奏，从而确认现

[1] 《美人与运动》,《健美画刊》1932年第1期，第1页。

代城市女性身体的新要义，建构出不同于“摩登女郎”的身份区隔。由此而言，健美运动满足了平民女性跻身小资产阶级行列的愿望和诉求，强化了扎根于摩登都市生存的身份认同，改变了她们原先位于“边缘化”的地位，背后折射出其与城市上层资产阶级的“摩登女郎”之间展开的话语博弈及实践[1]。

## 二、建构“新女性”的身份认同

从学校的“校后”“校花”选拔到健康小姐的竞逐，从电影明星到爱国进步女性，健美女性的身份标签呈现出多元化、开放化的时代面向，这意味着她们成为身体行动的掌控者。这些女性通过投身丰富多样的健身运动，确立一种积极乐观的健康生活方式，无不建构出一种阳光洒脱、充满朝气的女性气质，完成了女性身体之于城市身份的接纳与认同，进而打造出符合现代化时尚女性社会生活的主旋律。

在健美女性的队伍中，既有女学生，也有女运动员，同时还有女明星。1932年的《妇女生活》杂志调研了上海各女校校花校后的选拔盛况。凡举荣誉者，无一不凭借健美形象脱颖而出。据悉，崇德女校夏志勤女士，“为该校皇后，健而

[1] 熊欢等:《凡身之造：中国女性健身叙事》，北京：社会科学文献出版社，2021年，第205—216页。

美也是她过去的荣衔”；交通大学陶纯女士，“是该校的校花，也是健美闻名者”；两江女子体育专科学校张宝瑾女士，“曾以跳高打破全国纪录，闻名海上，女士也是全校最健美的一个”；中西女校张梅卿女士，“在校有健美之称”；爱摩氏女校全校同学“病态美占十分之八”，独梁箫群女士“却是一位出类拔萃的健美者”；培成女校梁丽芳女士，“运动与修养，造成的健美的体格”；爱国女校关柳珠女士，“酷爱运动，故健美的荣誉蜚声沪上”等[1]。

另，除了上海兴盛如火如荼的女性健美运动，国民政府所在地南京也是重要的健美实践场域。1936年，南京金陵女子大学由体育系发起，举办“健康小姐”竞选大赛，与上海各校的校花遴选构成遥相呼应之势。金陵女子大学共有女同学223人，以级为单位，规定每级选出一位健美小姐，最终胜出入选者为罗慧琳、张美丽、岑礼明、高季蓉、陈元之、刘湘秀等6位女学生，以及教职员黄俊美。决选揭晓后，当日下午5时，在金陵女子大学西园草地上举行了金陵健康小姐加冕典礼，据新闻记者采风称，“健康小姐”的授予仪式隆重非凡，热闹非凡，伴随着载歌载舞的同行：

由一位西女教授，给每个健姐儿，戴上花冠，

在轻松艳丽的情调中，七女士实授健康小姐的荣衔，

[1] 《女学生健美者》,《妇女生活（上海1932）》1932年第1卷第11期，第250—251页。

“健美体操：上海工部局女子中学生表演”，
《良友》，1937年第129期，第46页

# 健美體操

上海工部局女子中學生表演

FOR HEALTH AND BEAUTY

Mass exercises of the students of the S.M.C School For Girls, Shanghai.

上海工部局女子中學團體操表演大會中的中國式舞劍表演。下圖與左面兩圖，亦爲中國式舞劍的特寫。

Three pictures showing the girls doing a sword dance, Chinese style

上海工部局女子中學，係公共租界工部局華人教育處所設立，因經費充裕，故各種設備均頗完善，現有女生四百餘人。本年夏初，該校曾舉行團體操表演大會，招待家長及來賓參觀，本頁諸圖，爲大會中各種表演的特寫（趙定明攝）

團體操的偉大場面

The girls drilling en masse, forming a beautiful straight-line composition.

“健美体操：上海工部局女子中学生表演”，

《良友》，1937年第129期，第46页

体育系同学就开始表演各种舞蹈，以庆祝加冕诸健姐，节目有快乐舞，有欢迎舞，有俄国舞，有荷兰舞，有最后的玫瑰曲，有波兰舞，有孤（狐）步舞，有希腊少女舞……二三百位师生，在碧油油的草地上，作了几小时的狂欢……[1]

值得称许的是，游泳运动员杨秀琼当属彼时较受关注的健美健将，成为社会人士心中的健美典范形象。杨秀琼曾在1933年10月第五届全国运动会上包揽女子游泳竞赛的全部金牌项目，又在1934年菲律宾马尼拉第十届远东运动会斩获多项自由泳、仰泳等单项及集体冠军，享有“南国美人鱼”之誉。据《风月画报》称，杨秀琼自海外得胜归来，芳名远扬海内，其体格最为契合健美条件之规范，“观其身着浴衣之摄影，肌肉莹润，曲线适宜，腰细股肥，胸前宽阔，是虽中国小姐，抑真具有西洋美人之风格”，甚至令人喟叹“不重生男重生女”[2]。

至于20世纪30年代的女明星，具有“野玫瑰”“野猫”之誉的王人美，则是女性健美风尚的重要引领者。早在1931年王人美出道之初，《影戏生活》杂志上刊登的个人写真，便

[1] 《金陵小姐加冕典礼，七位健美姑娘当选》，《星华》1936年第1卷第3期，第10—11页。

[2] 《健美女性人人爱》，《风月画报》1934年第4卷第10期，第1页。

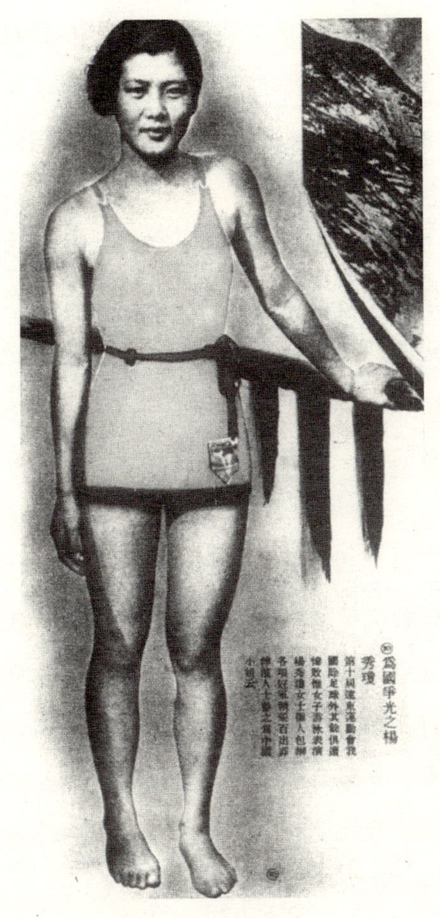


"为国争光之杨秀琼"，《申报》1934年5月28日，第1版

呈现出她身材颀长、壮健丰硕、健美黝黑的体格[1]。凭借孙瑜导演的《野玫瑰》一举成名的她，以灵活、活泼、不可捉摸的表演，被影迷观众视为"一九三二年中国健美女性的典型"[2]。

值得一提的是，健美女性还承载着政治性的身份指向。1934年，蒋介石、宋美龄等发起了新生活运动，在国势阽危的情势下，提倡妇女崇尚质朴的生活，增强国货的购买力，去除颓堕淫逸之风。由此，南京国民政府规定健美女性的着装要求，以当局者的舆论引导力量，作为爱国女性的精神激励：

> 健美服装的条件，是应当弃奢靡为俭朴的……凡新时代的女子，都应当勤于操作，能刻苦耐劳……我以为能适合于"健美条件"的服装，最好是用既经济又耐用国货的绸布原料来做……一切只求于清洁和简朴，俾矫正这"冶容诲淫"的恶习……在这新生活厉行之际，应大家从实提倡健美运动，同时也抱定这"布衣暖，菜饭饱"的宗旨……[3]

[1] 《联华公司演员王人美的健美体格》,《影戏生活》1931年第1卷第46期，第3页。

[2] 《银星的健美评》,《妇女生活（上海1932）》1932年第1卷第11期，第263页。

[3] 顾觉民：《健美运动与服装——写给新时代姑娘们》,《时报》1934年6月26日，第4版。

“联华公司演员王人美的健美体格”，
《影戏生活》1931年第1卷第46期，第3页

## 三、走向日常：现代化的品质生活

然而，健美不仅是校花校后、女运动员、女明星等特定群体的专属，城市普通阶层的平民女性也可以是健美既得利益的享有者。由此，健美走向日常生活的各角落，成为一种追求现代化品质生活的重要理念。

首先，户外运动是健美之术的第一要义，并且女性可以将运动作为一种深入日常的娱乐方式，收“寓运动于乐”之效。戴敏芝女士在《妇女生活》的刊文中明确指出，健美和娱乐有着密切的关系。一方面，要自觉摒弃一些打麻雀牌、饮酒等有损健美的不正当娱乐；另一方面，要择选“能够使我们健美或是有益于我们的健美的娱乐生活”，至于游泳、舞蹈、高尔夫球、网球、篮球、排球、骑自由车闲游、骑马、江面划船、旅行等项目皆在推荐之列[1]。针对上述项目，《玲珑》杂志则给予了具体的指导建议，尤其主张适度运动有助于健美，相反过度将推向健美的对立。例如，高尔夫球每日“至多打九洞”，游泳“为最好之运动，能使身体健美，但不可过于用劲”，骑马每星期只可一次，“每次至多二小时”等[2]。

其次，轻松不费时、易于普通女性操作的“柔软操”也

---

[1] 戴敏芝女士：《健美与娱乐》，《妇女生活（上海1932）》1932年第1卷第11期，第266页。

[2] 镜秋：《健美仇敌之过度运动》，《玲珑》1931年第1卷第25期，第931页。

成为各大媒介竞相推荐的对象。《北洋画报》上的刊文将柔软操称为健美运动的基础。终日静止而不讲求运动的生活危害甚重，“一切动作均将呆板……终至关节呆笨，筋肉失去弹力，此种器官之呆板，且能形成心理上之病态衰弱症”，而采用柔软操为日常操练，“能使习者之筋肉柔软与舒适……并且身体柔软，则可使生活舒适，能担任繁重工作”，但唯有贵在坚持，行之日久，才能使容貌少艾，精神焕发，保持身体的生机活力[1]。与此同时，柔软操的实践还离不开头部、颈部的运动。据《玲珑》杂志介绍，这比较适宜于颈项瘦小或身段不匀称的女性，具体包括“把头往前后屈”“把头往左右屈”“把头往左右摇”等几个步骤，每次“连做五至二十五次”，以六个月为练习之期[2]。除此，柔软操不仅适用于年轻的青春少女，中年妇女以上的年长者也可模仿练习，藉运动去除赘余的脂肪，不过要注意的是“慢慢和缓地习作，因为用力过猛，易致受伤”[3]。

再次，健美运动覆盖了从饮食起居到衣食住行等各方面。就食物与健美的关系而言，《文艺的医学》杂志指出，特定的食品是辅助健美的重要手段，如海带中含有“碘”与“石灰”的元素，能够加速身体的新陈代谢，并净化血液，“可

[1] 方译：《“健美运动”之基础》，《北洋画报》1935年第26卷第1279期，第2页。

[2] 《颈的健美运动》，《玲珑》1935年第5卷第21期，第1329—1330页。

[3] Margaret Hallam夫人作，秋明译述：《女性健美漫谈》，《健康生活》1934年第1卷第4期，第162页。

The Standard-Floo:touchrug exercisel

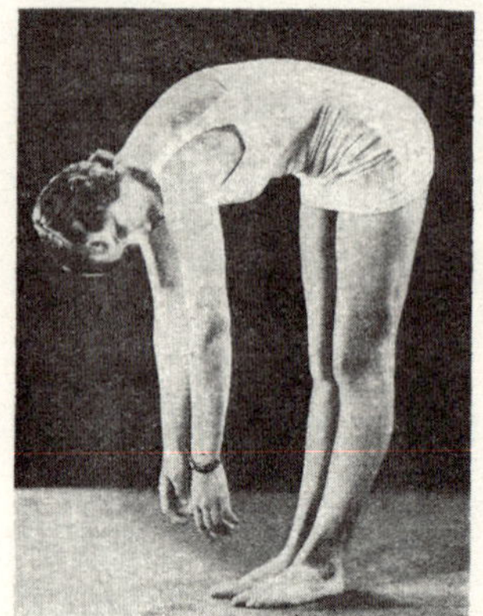

健美的人體養成法…圖(二)

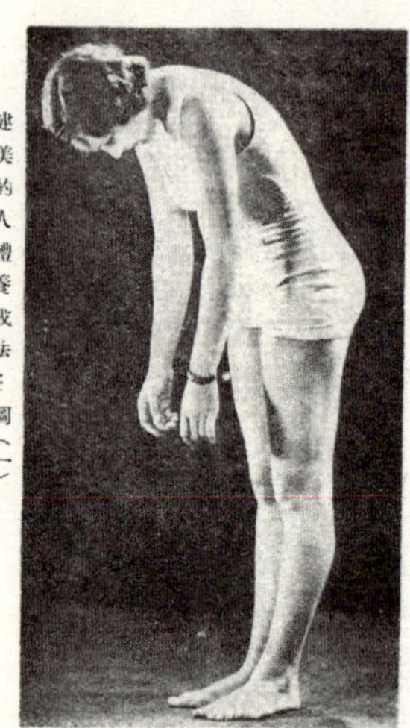

健美的人體養成法：圖(一)

健美的人體養成法…圖(三)

## 健美的人體

人間的樂園。唯有健美的男女才能享受的眞趣，也唯有健美的男女可以點綴這美滿的樂園。尤其是美而健全的母體。是最値得寶貴的完人。歐美女子對此都有相當的研究和深刻的修養，政府也極力的提倡，足見這問題的重要。我國女界，除脂粉裝飾之外，對此根本問題，素不顧及，年來雖稍爲覺悟了些，然而也不易得適宜之訓練。本頁所刊，堪作教本。

“健美的人体养成法图”，《艺友》1930年第3期，第18页

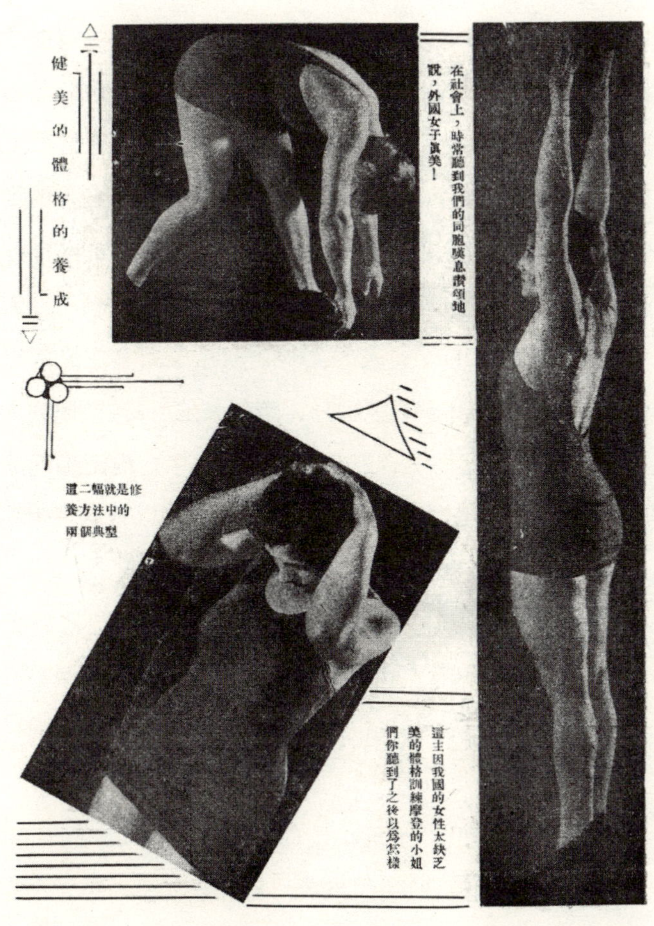


“健美的体格的养成”，《艺友》1931年第11—12期，第40—41页

以把一切恶血，老废物排出于体外，一面又新生清净之血液以为补充”，促使皮肤新生光泽莹润[1]。《健美画刊》转引了美国 Matilda Vance Newman 关于香蕉之于健美独特价值的论断，香蕉富含易消化的糖质、丰富的蛋白质、多量的维他命 ABC，“有防止癞皮病，保护眼睛和建设良好牙齿的功能”，还能有效治疗肾炎和慢性不消化症[2]。《健康生活》杂志翻译了 Margaret Hallam 夫人的文章，驳斥了禁食主义的“减肥法”，认为现代女子不宜过分迷恋苗条的身材，“因为太瘦了非特不雅观，也很不合卫生”，然而，想要增肥也绝非一日之功，“要吃充分的食物，但勿过多”，可以食用半生不熟的牛排，饭后杜绝零食，而是饮用有柠檬汁的水[3]。此外，《现代家庭》杂志特别提到，饮食中要注重选择“富有蛋白质的菜类，每日早晨、下午各饮一杯鲜牛乳，不饮浓茶，不吸香烟，饭后吃少许水果”，这些均是保持健美生活的应有之义[4]。

规律的作息也是女性健美的“强化剂”。《家庭周刊》称，迟眠、失眠是折扣健美的仇敌，将导致女子面色灰白，丢失

[1] 《海带与健美》，《文艺的医学》1933年第1卷第4期，第3页。

[2] Matilda Vance Newman 著，绮怀译：《香蕉对健康的价值》，《健美画刊》1932年第3期，第1页。

[3] Margaret Hallam 夫人作，秋明译述：《女性健美漫谈》，《健康生活》1934年第1卷第4期，第161—162页。

[4] 琦：《怎样维护健美》，《现代家庭》1937年第3期，第55页。

健康的体格和美丽的容貌。论说者揭露批评了一些时髦女子为花枝招展，起居失常，夜里或“在某太太家打麻雀”，或“在某一个交际场上周旋”的不良嗜好，以及她们的“早上不能早起，是为了晚上不能早眠”的恶习本质[1]。《方舟》杂志论及了睡眠之于人体的价值，“人生在世界上，至少三分之一的功夫，费在睡眠上……有好多女子，总不理会这件事，致身体羸弱无力，或平胸、驼背，诸如此类的不美观”，欲改此弊，“非养成早眠早起之习惯……因睡眠充足精神即焕发，身体各器官亦皆充实有力，自然可舒眉展眼，笑容可掬”[2]。《现代家庭》杂志上的说法也与之构成呼应，认为良好的睡眠是维护健美生命力的核心，每天要睡足八个小时，不足“则减少精神活泼及面部色彩”，但过犹不及“易致眼皮浮肿”[3]。

内化于日常的健美生活，还须讲求科学的沐浴方法。《家庭星期》杂志研制出一套“促进健美沐浴法”：一是“冷水浴”，可以试验一种新法，既不浸入冷水浴盆里，也不用喷器，“只用毛巾或手在冷水里蘸了向身上摩擦，随即用干的毛巾拭干，这样一冷一热，血液一张一弛”，达到“刺激皮屑，促进血液的循环”的目的；二是“日光浴”，即使不去游泳池或海滨，也可尝试习惯沐浴在和蔼的阳光下，“将感到无

[1] 敬事：《早眠早起方能保持健美》，《家庭周刊》1933年乙种第44期，第20—21页。

[2] 林瑞瑾：《妇女健美与化装妙法》，《方舟》1936年第20期，第28—29页。

[3] 琦：《怎样维护健美》，《现代家庭》1937年第3期，第55页。

上的舒适与难得的快感”；三是“空气浴”，每天在固定的时段，将全身的毛孔暴露在清新的空气里，“痛痛快快的呼吸一下”；四是“热水浴”，具有杀菌和清洁皮屑油污的效能，还有助于人体的安眠，不过注意把握次数，一星期中一至两次足矣，倘若每日皆浸热水浴，可能引起适得其反，“洗得太长，是会使得体素松懈，足以减低身体的生命之力”[1]。

经过西学东渐的传播与全球化浪潮的席卷，以上关乎饮食、睡眠、洗澡等的现代科学知识纷纷被引介到中国社会，潜移默化影响着健美生活方式的变迁。女性的健美之路更趋向时尚、现代化和新潮，她们注重提升健美人生的质量，开始讲究精致的生活品质，从满足物质生活的富有向追求精神生活的富足转型。

1936年，《健美生活》杂志在创刊号中总结了女性身体运行的各项规律，并以此界定了何谓日常生活中优良健美体质的标准：

> 一个康健的人，到了吃饭的时候，自然而然会觉得饥饿，不必用汤或是肉的香味来引诱……在夏天，你要多饮一些水，但也可以适可而止，过分的口渴，也是不大自然的，你的嘴里时常滋润着，舌尖上显着淡粉红色而非常清爽，一些也没有尖刺白

[1] 以行：《介绍几种简易的促进健美沐浴法》，《家庭星期》1937年第2卷第10期，第150—151页。

腻，这都是身体健康的象征。再论你的肌肉吧，他们一定要坚强有力，下肢也要耐得起苦。多走些路不致使你受累，就是做用力的事情，也不应当有过分疲倦的状态。皮肩的表面，应当平滑光油。一些也不觉得枯燥，热度温暖而颜色鲜明，面上必须显露着活泼的生气，眼睛里发出生动的光彩，一点也没有暗黄的颜色或是丝丝的红线，牙齿必须健全洁白而整齐。睡眠酣适，终夜安静而没有纷扰，早晨醒来时的爽快振作，也是必备条件。脉息的过快过慢，都不是正当的状态，四肢必须温暖，而没有过冷或是过热的现象。身体的皮肩被太阳晒黑了，这就是美，时代的康健美……[1]

诚然，外在的物质条件构成了女性健美不可或缺的基础要素，而内在的精神文明建设则决定了健美的品质高度，是匡助她们确立人生自信与城市主流身份认同的过程实践。如，作为近代新兴艺术的摄影，增进个人品性和气质的修养，裨益身心的音乐和交际舞等，皆是“高尚而健美的娱乐，形成灵肉一致欣赏的艺术”，从而寻找丰富心灵健美的金钥匙。由此，积极提倡健美的生活，引起大众文化健美的趣味欣赏，提升她们体验精致人生的精神境界，“由每个个人生活方式的

[1] 《夏天的康健美水平线》，《健美生活》1936年创刊号，第29页。

改进，造成整个社会国家的健美的环境”[1]。

## 四、流动空间中的健美风景

健美女性凭借能动的身体进入公共空间与消费空间的过程，既蕴含着改造女体的积极实践，同时也是女体走向公开化、公共化的过程。她们行动敏捷地穿梭于学校、体育场、公园、游泳池、海滩等各大场域，成为“可移动的身体”，在流动的空间中形成一道闪亮的健美风景。

尽管她们生活在霓虹灯下的摩登都市，但南京国民政府统治下的民国社会，以及华洋杂居的上海滩，充斥着灯红酒绿、尔虞我诈、错综复杂的城市人际交往网络，弥漫着令人窒息的政治空气。而公共空间的户外运动，恰可成为女性健美实践的重要载体，促使她们摆脱压抑、焦虑、躁动的情绪，走出相对逼仄的生存环境，寻找浓缩于公共空间的和谐共鸣，书写女性有声有色的城市生活。

各大报刊媒介纷纷捕捉健美女性灵动的身影。学校举办运动会为女学生参加健美活动提供了重要契机。1930年，《中国摄影学会画报》刊发了上海女子篮球队在球场激烈争夺的场景，配图解说“球赛为有兴趣之运动，健美之女子尤宜

[1] 黄嘉谟：《健美的途径》，《健而美影刊》1932年第1卷第1期，第6—7页。

注意”[1]；还抓拍到上海运动会中某女子掷球之动作，视此为“健美女子所不可缺者”[2]；除此还有女子短跑赛抵达终点之际“健美之表现”[3]。

舞台表演也成为记录健美女性的特写镜头。《玲珑》杂志感慨“吾国女子体格健美极少，因忽于操练”，故转引数幅西方社会健美女性“舞台后的练习工作”为中国健美女性参考之用[4]，同时以女子运动之图像勉励，“欲使体格健美，须有相当之锻炼，舞蹈乃达到健美之唯一秘诀”[5]。

各大公园里除了遍布“摩登女郎”与男性资本家的卿卿我我，同时也成为挖掘健美女性身影的地理空间。例如，《千秋》杂志观察了公园里每日运动的女青年，“强壮的身躯，黑的皮肩，秀丽的脸，细细的眉，水汪汪的眼，肥肥的股儿，丰满的乳峰，但并不是像现代那些摩登姑娘所谓曲线也者的腰身”[6]。

在暑气腾腾的夏天，游泳池则是健美健将与电影明星纵身活跃的重要场域。据《开麦拉》杂志称，电影明星“急迫地感觉到体格健美的需要……有朝气的都涌向游泳池去

---

[1] 《中国摄影学会画报》1930年第5卷第230期，第6页。

[2] 同上，第5页。

[3] 同上。

[4] 《玲珑》1931年第1卷第21期，第765页。

[5] 《玲珑》1932年第2卷第62期，第2页。

[6] 林豪：《健美的一对》，《千秋（上海1933）》1933年第6期，第6页。

“‘国色天香’中健美的五明星”，《时报》1935年2月14日，第1版

了……灿烂的新星加入这队伍中的委实不少，这是多么值得歌颂的景象呀”[1]。而女明星之所以形塑健美气质，也源于她们希冀以此拓展个人的演艺生涯，满足大众之于女影星的视觉想象，并提升在媒体的知名度和影响力。其中，王人美、黎莉莉、黎明晖、徐来、白虹等皆是往来于上海虹口游泳池的常客，因此有“八月的夏，是电影明星游水的季节”这一美誉[2]。

既然游泳被视为有助于女性伸张肌肉，减轻肥胖，调剂劳苦疲倦的途径[3]，那么，《妇人画报》召唤时代的新女性，“小姐太太们……请不要放弃这个游泳的良机”。海滨也为酷爱健美的女性提供了一个场所方位，而一件浴衣、一副日光眼镜则是她们随身携带的必备品[4]。

1936年7月，《社会日报》报道了高桥海滨浴场热闹非凡的景象。据记者亲身体验：从黄浦滩市轮码头出发，渡轮前进，浪花飞溅，轮船上的旅客“大都是上海的有闲阶级，和中产阶级，坐在舱上吃冰和谈笑着，冲破了这闷热的空气”；渡轮到了高桥，旅客们拥上公交汽车，20分钟后抵达浴场，眼前是一个天然的沙滩，“里面有大餐堂，小花园，草厅，篷帐……供给游泳罢的人们消遣和娱乐”；海水里有男有女，

[1] 《夏之尾巴》，《开麦拉》1932年第133期，第1页。

[2] 白丁：《前天的虹口游泳池》，《立报》1936年8月10日，第6版。

[3] 《游泳为需要健美的捷径》，《时报》1933年2月8日，第6版。

[4] 张心漪：《健美之路》，《妇人画报》1934年第19期，第18页。

有老有少，自由自在体验游泳乐趣的同时，尽情享受着迎面而来的海风阵阵；沙滩上最惹人注目者，“有几个少女，穿着游泳衣，露着健美而雪白的大腿，高耸的乳峰，一字的排着”，实在是欣赏健美的集合处所[1]。

此外，《电影月刊》刻画了一位海滩之畔健美娇艳的女性形象，她袒露蓬首、散带微笑地坐在汪洋之滨，“若有所思，若有所期的候着”，以为她是见弃于恋人？其实并没有失恋，而是日光浴后女性身体锻造的日常功课[2]。

除了户外空间涌现出女性矫健的身姿，家庭也可以为健美提供伸展活动的室内空间。《玲珑》杂志并不认为运动“非有足球、网球等设备不可”，凡家庭之内只要具备“一个人五尺方的地方”，也能够从事健体运动、健臂运动、腰运动、挺胸运动、健腿运动，并分别助力妇女养成优美的姿势，减少终日静坐导致的臀部肥大，培育富于肉感的身躯，排出污秽的空气，增进腿部行进的力量[3]。除此，该杂志还介绍了一些简易的健美操作法，或如“两足跨立成八字形，双手放在腰间，身体上段向前下俯，把身体慢慢地由前面转向右边，然后前面，再由前面慢慢地转向左边”，或如“两手放在背腰后而平卧地上，把腿向空高举，动作时，前身同时膝

[1] 杜鹃：《高桥的海滨浴场》，《社会日报》1936年7月18日，第4版。

[2] 《一个娇艳健美的女星》，《电影月刊》1931年第9期，第63页。

[3] 《妙龄女郎怎样趋健美之路》，《玲珑》1937年第7卷第12期，第954—958页。

关节不要摇动，腿向空画一大圆形”等[1]。由此，这些基本的健身运动也成为日常生活情境下家庭场域的健美操练，并某种程度上内化为现代化转型及中国女性社会生活常态的文化实践。

[1] 《运动与健美》,《玲珑》1936年第6卷第8期，第583—585页。

第三节

## 消费文化与女性物化的危险

无论是健美女性还是“摩登女郎”，对于“美”的欲望和想象，某种程度上决定了女性审美风尚流变的文化取向，女性围绕何为现代、时尚、健康的“美”展开了都市生活的竞争。这促使她们对于穿什么、做什么，应该遵守哪些健美的规则，尤其显得谨小慎微。换言之，在健美运动的实践过程中，既是女性追求两性平权、确立主体性地位的过程，同时她们在奔向健美目标并不断靠近的同时，也无形中丧失着女性身份的主体，这使得健美女性在现代化商品经济浪潮的裹挟下，充满着容貌的焦虑、迷茫和困惑。

在父权制文化的统治下，对于何为女性“美”的定义，本质上是不平等的两性关系决定的制度安排，是男性对女性性别压迫的产物，并通过健美与时尚的权力运作，迫使女性屈从于迎合男性的审美，而为此进行着女体的改造与革命。

美国女性主义学者南希·弗莱迪在《美貌的诱惑》中解读了女性何以追求美貌，并与同性之间建立起一种无竞争条款的比较与妒忌。她认为，“男人无疑有更强的窥视欲，女人对自己的肉体则显示出极大的表现欲……在父权社会，美貌成了女人的专利”[1]。美貌信仰的背后其实折射出两性权力关系的某种精神力量，对于女性而言，尽管行动派的女权运动者反对容貌焦虑之于女性身体的俘虏，并以迷恋美丽为女性解放运动的绊脚石，但在各项权利保障制度缺位的情况下，不乏一些女性以“美”来换取男性的保护与支持，成为男权社会下的某种生活交易，从而实现女性阶层的流动与地位的上升。对于男性而言，如果没有一定的经济实力和政治资本，不仅无法拥有他们理想中爱慕的漂亮女人，而且无法借助她们来达到表现财富和权力的目的。

诚然，女性对于健美的喜好，也是实现身体自主与身体独立的一个革命性过程，任何女权主义者的宣言并不能遮蔽女性本身产生的青春萌动，以及对于生理本能的渴望和诉求，这也是理解人性不可回避的重要议题。也就是说，女性对于“美”的梦想装扮，与女权运动之间并非相互对立的两极。青春少女的躁动，以及女性对于女体自身的关注，也成了追求健美的原动力之一。

然而，在以父权制为前提的大众审美凝视下，任何女性

[1] [美]南希·弗莱迪著，杨宁宁译：《美貌的诱惑》，上海：文汇出版社，2004年，第330—331页。

的身体都不可能是完美无缺的，这为霸权逻辑的男权社会规训女性身体的改造提供了必要依据。在健美运动的行动中，无论是来自西方的健美健将，还是生长于中国本土的健美参与者，从姿态到动作，从着装到身材，从运动形式的选择到运动空间的流动，她们展示出的身体和容貌的图像、解说与广告，无不努力接近着健美条件的最佳标准，进行着打造完美女体的身体竞赛，这被认为是“男权文化的一种阴谋”。由此，女性在身体重塑的同时，成为“被观看”“被凝视”的对象[1]。在此过程中，一方面，确实无处不在蕴藏着物化女性的危险，另一方面，需要注意的是，即便在接受身体规训的同时，她们也并非完全被动的状态，仍是伴随着女性“发现自我”、关注女体自身的康健，以及主体意识觉醒的力量。

耐人寻味的是，健美走向“商品化”，在资本经济风潮的席卷下，不断成为被消费的对象，逐渐逸离了体能运动本身，忽略了“健”字，而侧重于对“美”的展示和塑造，促使女性“美”的风景与五光十色的摩登文化、海派文化相互融合。这种情况下，健美文化与色情文化、裸体文化之间的界线愈加模糊，在消费主义盛行的都市空间，健美运动更显示出扑朔迷离的一面[2]。

---

[1] 沈奕斐:《透过性别看世界》，上海：上海人民出版社，2019年，第185—193页。

[2] 游鉴明:《近代中国女子健美的论述（1920—1940年代）》，李贞德主编:《性别、身体与医疗》，第262—267页。

## 一、资本操纵的霸权逻辑

不少以“健美”为名的商品充满着耸动性，刺激着健美女性的观感与社会大众的购买欲，特别是一些药品吸引着健美运动的参与者，为健美女性开具了引导消费的指南和妙方。其中，“健美露”“美奴宁”“女用生殖腺素制剂”“补女容”等品牌皆在推荐行列，主要针对妇科的对症治疗以及提升女子健美的容貌，并且特邀专业医师进行“鉴定”，以期增进健美产品的说服力。

一是“健美露”。《民生医药》杂志是宣传健美用品的舆论阵地之一。据广东汕头梅县艳辉医院医师罗旭光介绍，“健美露”既是妇女界之圣品，还是医师临床之良剂。患者李女士来访主诉，“因用精神太过及受种种事情之打击”，导致月经之前“小腹部奇痛，食欲不振”，而罗医师开具的药方即是“健美露”。据观察，服用后功效显著，“连服一旬，经痛便无，胃口渐开，再服一旬，病已霍然愈矣。继续服一月，经期照常，胃口大振，精神焕发，容光红润”。况且，“健美露”的销售还契合了抵制洋货、提倡国货的进步时潮，作为国产的药物，“比诸舶来品，有过之而无不及……价格低廉，更属难能”[1]。

可见，民族主义风潮与资本市场之间有效建立了协商对

[1] 《“健美露”对妇科病之伟效》，《民生医药》1935年第13期，第49—50页。

“国药当归制剂健美露”，《中央日报》1947年6月19日，第8版

话的机制，除了“健美露”以外，民生制药厂及其创办的杂志还积极宣传“喜美灵”“安咳精”等药品。论说者指出：“国产药材在医疗上，固有正确之价值，惜乎缺乏科学之研究，置山珍海宝之国产药于不顾，由其自生自灭于野草间，一任外来品之摧残…… 国运日亟，殊堪痛心。”[1] 而这些药物的可贵之处还在于，不仅物美价廉，而且“服后绝无有不快之副作用…… 常服无忌”。由此，厂商利用社会大众对国族情感的共鸣，可以为推广国货药品打开一条市场通道。

二是“美奴宁”。据女医师金文安称，古代妇女闷处闺房，以娴静淑敏相称，现代女性的活动领域已从家庭扩展到社会公共舞台，因此亟须健美的体格，而月经不调、忧虑、苦闷、劳神过度等一切因素，皆是损害健美，阻碍女性实现与社会经济同步发展的根源。有鉴于此，她在《新闻报》上撰文呼吁，排斥虚荣心，到野外散步，养成融快乐于自然，保持愉悦心

[1] 《新药实验：喜美灵、安咳精、健美露》，《民生医药》1936年第18期，第26—27页。

情的精神生活，固然是促进健美的重要助力，但若解决女子生理疾病，根除身体隐患，还须服用“美奴宁”：

> 可调正月经，过多或过少，经期超前或落后，月经困难，经期腹痛等。治愈赤白带下，身体羸弱，神经衰弱，头痛，头晕，目眩，失眠，耳鸣，苦闷，心悸不安，喜怨无常等。服用本药以后，不久各症就会逐渐消失，容颜益加丰韵，回复青春，体躯越加康健。这种效果，是由多数医家实验证明的。欲达到理想中的健美的妇女们注意这个。[1]

1936年，为迎接三八国际妇女节，在节日的前一天，《时报》还刊文支持了上述论断，认为女性的月经是衡量女体康健美的重要维度，也推荐“美奴宁”。徐生章医师转引了外国论者的文章，称月经是女子健美的源泉，调经养血必不可少，“月经在某种程度，是表示女子身体健否的测定表”，异常则是身体病弱的表征，将导致“身体上的组织衰退，内分泌腺的机能皆呈现退化，所以生活力薄弱，皮肤枯燥，没光泽……青春的健美消失殆尽”，至于“美奴宁”则在临床试验中产生了良好的滋补血液之效果，有挽救衰老、恢复女子

[1] 金文安女医生：《妇女理想中的体格——健美》，《新闻报》1935年12月17日，第16版。

青春魄力之功能[1]。

三是“女用生殖腺素制剂”。以民族主义的眼光来看，女子健美与女子优生之间存在密切的关联，尤其是健康的母体与充足的乳汁，是怀孕及生产后喂养儿童的重要条件。对此，《新闻报》在商业广告中大力推崇使用“女用生殖腺素制剂”，周笑涵医师给予用药指南，称如此能确保常年不老，“生育可能”[2]。

另据医学博士姚尔昌撰文，乳峰的发育程度是构成健美的基础之一，“在目前最流行的女子曲线美，主要的条件，就是一双高高的乳峰，和丰腴的臀部……有了良好的乳峰，不虞没有丰腴的臀部，所以乳峰一部的发育，无疑地居于妇女各器官的领导地位，也是她健美的生命线”。而“女用生殖腺素制剂”是强盛乳峰的权威滋补品，并能够“消灭子宫一切障碍，增加妊娠能力”[3]。

为增强可信度，报刊媒体基于商品化的诉求，还援引西方人士的成功案例，为“女用生殖腺素制剂”产生的神奇效果“现身说法”。香港大学医科学士吴大超转述了美国留学友人来函谈话中关于一次健美小姐选拔赛的盛况，其中所有参赛女子全部戴上面罩，唯以“乳峰高耸饱满”作为遴选的

[1] 徐生章医师译：《月经是女子健美的源泉——调经养血是不可缺少的》，《时报》1936年3月7日，第9版。

[2] 周笑涵：《健美卫生与妊娠术的指导》，《新闻报》1936年9月1日，第22版。

[3] 姚尔昌：《构成女子健美的乳峰发育》，《新闻报》1936年9月8日，第14版。

关键指标。竞赛脱颖而出的冠军是依利奥脱（Miss Eliot）小姐，当除去面罩，见到真面目时，众皆惊异，因其向来瘦弱，争相采访后方知赛前数月，“连服斯丹那氏的‘女用生殖素’，故得发育优良，获得健美的乳峰与体格”。如此，论者号召那些“有志美的女子”积极服用[1]。

除此，“补女容”“补体康”等其他药品也具备可信赖的品质，且更适宜于中年及老年妇女群体。前者的重点在于增补荷尔蒙，那些即使十年“不妊娠”的妇人，也能凭借此助力得以康复[2]。后者借用法国美貌专家高吉尔博士用语，奉为“妇女之友”，凡年老色衰者借此获得根本性治疗，甚至有助于实现家庭生活的和谐，唤起丈夫“重烧恋爱之火焰，故减去中年女性的悲哀”[3]。

诚然，健美用药只是促进健美的一个重要因素，若将体能运动与之相配合，可发挥更理想的功效。1934年12月19日，《新闻报》报道了楚珍女士“双管齐下”恢复健美的“真人真事”。据悉，该女士年方20，“乳房平坦若孩童”，月经经期不定，精神委顿，经色惨淡，体质虚弱，与林姓男子结婚后，“婚后即病”。同事某君为林某访求名医，在现代性病

[1] 香港大学医科学士吴大超：《美容常识：乳峰在健美中的地位》，《时报》1936年12月26日，第7版。

[2] 俄国劳动医学大学毕业杨道南医师：《妊娠的方法与健美的获得》，《上海报》1936年12月23日，第4版。

[3] 《健美：女性的乳峰》，《社会日报》1938年2月26日，第3版。

专家姚尔昌博士的检验之下，“发觉内分泌发生障碍，卵巢幼稚，乳部细胞缩小”，后采用最新针药进行科学治疗，并告之辅助适当的健美运动，“两月以后，面部丰腴，乳部高耸”，重现体态之活泼[1]。

再者，以健美为主题的图书出版，也成了商家和企业追逐利润的策略手段。《北洋画报》还刊登了关于健美运动的主题用书，引介了外国学者勃兰诺博士《家庭内之体育》的著作，为“开明与进步之传授”。该书不仅介绍了室内健身活动之动作种种，“初习者可独自行之，不必别人指正”，而且还指导户外健美实践，如游戏与跳舞等，以完备之体育，“治疗神经与发展肌肉并重，成为舒畅筋脉之艺术”，以此疏解女性对于“体育”单调乏味的误解[2]。

不容忽视的是，提倡女性积极投身于家庭场域的健美实践，也蕴藏着男权话语隐秘的规训，暗中契合了南京国民政府新生活运动前后倡导的“妇女回家”这一思想潮流。

《家庭良友》杂志以《体育与家事劳动》为题，介绍了“主妇五分钟体操”的步骤及方法。其刊文指出，透过家事劳作各细节，不难看出何谓合乎健美的原则，如剥除果皮、山芋皮，熟练者可以“很轻巧地运用着手指间的关节”，反之则“手忙脚乱，浪费许多的精力”，至于正确的“姿势”才是家

[1] 唐晋昌：《女性发育之与康健美》，《新闻报·本埠副刊》1934年12月19日，第6版。

[2] 《〈健美运动〉原序》，《北洋画报》1935年第26卷第1277期，第1页。

庭主妇在日常家务劳动中获得体育美感的关键。通过一系列的图解，文章教会家庭妇女掌握促进血液循环的“姿势与呼吸”，以及早起对着镜子梳理头发的姿势，此外还有“腹部筋肉运动”“腰部上下运动”“举足屈身运动”“半屈膝步行动”“屈体作步行姿势运动”“腰部运动”“涉水运动”等家庭室内操练法。因此，家庭劳作“不是一种非常可怕的事”，只要处置得当，动作适宜，则不仅促进女性之于家务应付自如，而且在身体上还能收到“体操”的功效[1]。言外之意，这套看似论证严密的健美话语背后，仍体现出男性限制妇女参与社会活动，并将妇女的起居与劳动框定在家庭领域之内，以及两性权力及社会关系不平等的本质。对此，《新闻报》在刊文中直接喊出了“失去健美的女性，将不能在社会活动，被时代所淘汰；不能妊娠的妇人将不能在家庭立足，被男子所轻视”的口号[2]，显而易见，内中折射出男性英雄主义的话语逻辑。

此外，1933年的《千秋》杂志刊登了一位名为张孟昭的男性，谈及了对于健美问题及妻子程韵清的看法。他并不看好那些被现代青年喜欢的花容月貌的摩登女子，认为“过分美丽到像天仙化人，就有招蜂引蝶，被人诱引，而下堂求去的危险”，至于自己的妻子程韵清，“躯小而有大家风范”，如果说婀娜、肉感，虽比之“摩登女郎”望尘莫及，但“治

[1] 敏浩:《体育与家事劳动》,《家庭良友》1937年第6期，第10—18页。

[2] 《丧失健美与不妊的女子听着》,《新闻报》1936年9月30日，第19版。

理家政，却很老练，烹饪，缝纫，洗衣等操作，样样来得，不要我操心……真可以羞煞世间好逸的女子”[1]。所谓性别秩序，包括劳动、权力与心力投入等三个维度[2]，而张孟昭对于妻子的健美叙事，显然强化了“男主外，女主内”传统性别秩序的规范。

进而言之，在一些历史情境下，健美运动并未能有效增进女性主宰自我的能动性，相反各种以“健美”为名义的符号，为女性建构出另一种标准的身体模具，促使她们在革除女体牢笼的同时，又给身体套上了新的锁链。这种健美女性的主体性身份从“确认”到“丧失”的悖论，确实值得审思。

换句话说，无论是家庭伦理，还是道德规范，抑或外貌标准，在男性的凝视下，健美文化以多样化的形态呈现，迫使女性屈从于审美焦虑与审美文化，使得运动的参与者纷纷成为“被规训的身体”，并固化为新的刻板印象。1933年，《时代日报》描摹的“康健美的典型”其实与“摩登女郎”并无本质化差异，同样是一场不平等的情感劳动背后冰冷的欢腾，呈现的俨然是一幅男性作为“旁观的他者”与女性“自我感动”的模糊景观：

女子的美，究竟是在甚么地方？……是弱不禁

[1] 张孟昭：《我的妻：健美适乎其中》，《千秋（上海1933）》1933年第6期，第18页。

[2] ［美］安东尼·吉登斯、菲利普·萨顿著，李康译：《社会学（第八版）》（下），北京：北京大学出版社，2021年，第756页。

风的林黛玉吗？是捧心颦眉的西施吗？……凡是病态的，才以为美，那是错误极了……怎样才算是健康美呢？据说也有四个标准……一、四圆：面圆、颈圆、前臂圆、足踝圆；二、四白：皮屑白、眼球白、牙齿白、腿儿白；三、四黑：头发黑、眉毛黑、睫毛黑、瞳孔黑；四、四红：舌头红、嘴唇红、牙龈红、面颊红……[1]

总的来说，不可否认的是，现代医学卫生知识与科学技术的革新，确实可以为女性健美走向日常化、科学化提供便利。然而，商品经济、消费市场也为从事健美运动的女性设置了有产者与无产者之间的某种壁垒，无形中对女性身体形成了某种规范和压制。由此，健美的女体陷入商业化的旋涡，与资本、阶层、权力、社会身份相互联结，不仅成了金钱崇拜、物质至上者追逐的狂欢，而且沦为了资产阶级与上层社会满足享乐主义心理的工具。

## 二、从“被凝视的他者”到“发现身体”的女性自觉

实际上，女性健美仍是在男性物化下的身体行动，她们

[1] 火星:《康健美的典型》,《时代日报》1933年1月23日，第1版。

自觉或不自觉地接受了男权社会的规训、言说和检验，既是资本霸权逻辑与商业市场运作下的产物，也是女性在两性社会关系中做出的既定妥协。女子以“被控制的身体”从事健美运动，并与情感生活、妊娠生育、强国保种之间建立起强制纽带，这种“被凝视的他者”角色建构，无形中更加强化了女子的边际地位。

与此同时，健美与时尚在海派文化与消费社会的符码中被生产制造出来。女性的健美身体作为被审美的对象，男性成为观看的承担者，“起决定作用的是男人的眼光，它塑造女性的形体，她们的外貌被编码成强烈的视觉和色情感染力，从而能够把她们说成是具有被看性的内涵”。这使得女性在健美风潮中尽管拥有主体身份的建构，促使她们从传统社会的身体压抑中挣脱解放出来，但往往依旧无法避免处于客体角色的地位。女性为了弥补容貌和身材的不完美，奔向追求健美的队伍大军，且不惜为此耗费物质的消费，并按照健美指南来训练自己的身体，由此展开了女性之于美与身体改造的战争[1]。也就是说，在女性气质与男权文化的协商过程中，损耗了女性解放运动的精神资源。

如果借助“物化理论”分析，在许多女性意识中间存在着一个男性的权威，使得她们不免站在匿名制父权文化的“他者”观看与凝视之下。通常情况下，女性会将这些“注视

---

[1] 佟新：《社会性别研究导论》（第二版），北京：北京大学出版社，2011年，第238—242页。

者”对于她们身体的评价内化为对自身的判断，并转而以“第三者”的角度来衡量自己身体的价值，而这种物化的前提，则建立在对于女性以生理性别为基础的“性物化”之上。其后果在于，女性身体及部分器官从社会价值中加以剥离，“降低到仅仅是一种工具的程度”，使得女性从“个体”沦为了“身体”。因此，在物化女性的过程中，女性的身体既成了“他者”冰冷的愉悦对象，同时也导致了她们自我物化的焦虑，甚至加剧了“对于自己身体的羞耻感”[1]。

由此看来，民国时期的健美女性也遭遇着物化的挑战，走向被凝视的“他者”，这同样是一个值得讨论的问题。社会各界在形塑“健康美”的同时，也难免通过消费主义来物化健美女性的身体。20世纪30年代的上海滩，享有“东方好莱坞”之美誉，成为近代中国电影产业的生产主阵地。上海城市文化的现代化浪潮，促进电影工业与报刊媒介之间齐头并进、蓬勃发展，在这座摩登都市里，弥漫着商业文化浓郁的气息。健美女性除了在各大画刊杂志上表现形体之美，还被搬上了电影的银幕，经过技术的加工和制作者津津乐道的渲染，成了大众文化消费和市民阶层品头论足的对象。

其中，《健美的女性》(1933)、《健美运动》(1934)、《中国的健美女性》(1936)等三部以“健美”为题的电影，在社会大众中间造成了耸动性的反响。一方面，“健美”不免沦

[1] 沈奕斐：《透过性别看世界》，第194—196页。

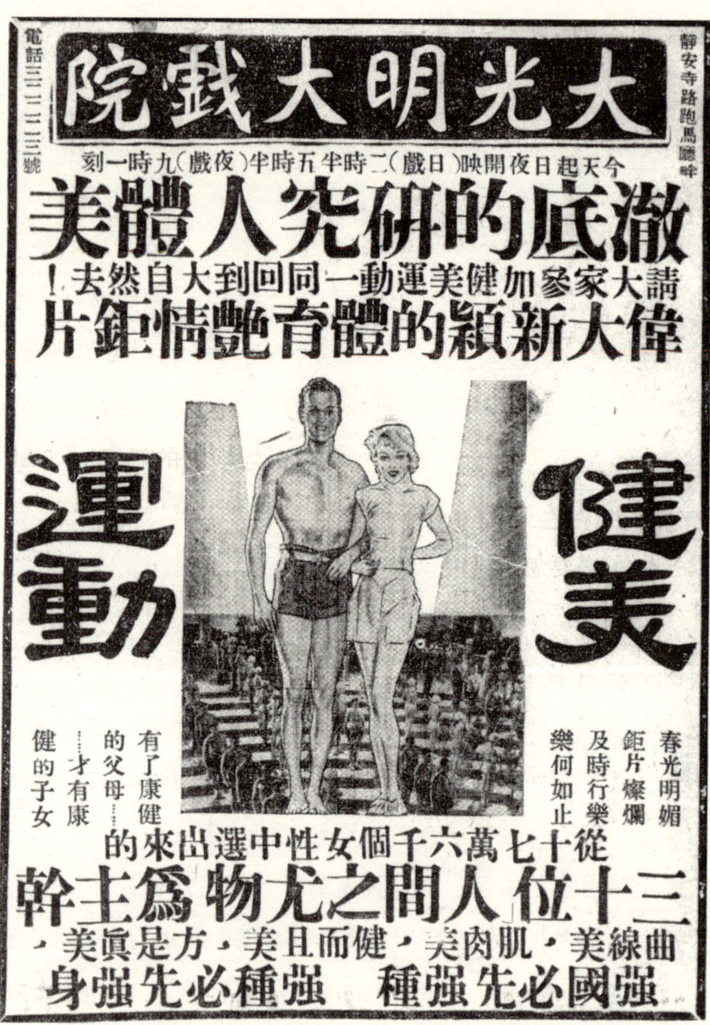


“广告：大光明大戏院·健美运动”，

《时事新报》1934年3月30日，第4版

为色情文化、裸体模特的混杂品，被歪曲为“肉感”或“曲线”的同义词，致使社会各界愈加难以辨认“健美”之于女体“自然美”“健康美”的真实点；另一方面，满足了观看者凝视女性的欲望，成为男性物化女性的想象噱头，在媒体上也产生了千奇百怪的时髦读解。

1933年，来自苏联的影片《健美的女性》被引介至上海大戏院播映，场场客满，毁誉参半。在广告中，电影生产商打出了“性教育普及”“普及神秘裸体运动”的标语，声称借助苏联电影，灌输生理学常识，开创性学教育的新纪元[1]。

有人认为，这是一部难得的教育题材影片，“给我们看的是一个女子要怎样才得到健康的生活”，同时向中国的大众介绍了苏联女子的生活，并采用活泼新颖的手法，讲清“女子生理的构造……与训练生育时的情形，和育儿的方法”，而没有必要将其丑化为“一部外国春宫式的片子”[2]。

不过，“健美”的概念一旦被滥用，在强力的炒作渗透下，便从商品化走向了物化女性的极端。换言之，影片中侧重的并不是如何打造康健的身体，而只是为男性猎奇女性的生理打开方便之门。《新春秋》杂志刊文表示，需要严格区分生理健美与女性裸体，凡涉嫌淫秽者应当即禁映，而影片拍摄的各片段“时而工厂，时而游戏，时而乡下，时而风俗……一种零乱的状态，充满银幕之上，堆塞乎观众之目，说到灌输

[1] 杨明：《健美的女性》，《十日谈》1933年第13期，第14页。

[2] 知：《评〈健美的女性〉》，《电声日报》1933年11月28日，第2版。

医学常识，则是有头无尾”[1]。

紧随其后，1934年，但杜宇导演的《健美运动》同样招致了观影者的负面评价，被视为歌舞肉感片。

《上海商报》刊文怒斥导演但杜宇，“丢曲了现实，理想地乱凑……明知而故犯地，只专心在出品的迅速，而不注意于质量的优劣”。并且，导演虽想为改良资产阶级妇女破坏康健与颓废的生活，做出一些尝试，但“题材究竟是太窄狭了”[2]。除此，该报还指出，这是一部彻头彻尾的“关于女人大腿的片子”。至于影片中公开呈现的女体形象，则更是有“美”无“健”，不过“挂羊头，卖狗肉”，与黑市盛行拍摄的裸体模特本质无异，不禁令人感喟，“这年头儿商人的复兴中，电影圈真是黑暗与可怖了”[3]。

与前述两部影片的遭遇相似，1936年，上海大戏院上映的《中国的健美女性》满城风雨，轰动一时，也以各方的种种非议而草草收场，呈现虎头蛇尾之势，并因违反了南京国民政府当局的电影检查条例，随之引发了禁映风波。

为增强影片的宣传效果，猎奇广大观众眼球，《中国的健美女性》与《自然界的进化》《新闻摄影》三部电影同时开映，并在影院门外挂满了“中国的健美女性”“公开生理的状态”两大横幅标语。据记者亲历所述，费尽九牛二虎之力才买到

[1] 《观健美女性片后》，《新春秋》1933年12月3日，第3版。

[2] 《健美运动评》，《上海商报（1932—1937）》1934年11月18日，第2版。

[3] 《健美运动杂谈》，《上海商报（1932—1937）》1934年11月16日，第2版。

电影票，“买票处尽是人群，黑压压的人头像浪一样的波动”，观众绝大多数是男性，还有外国人士前来观看，他的身旁便坐了两位年轻的英籍男子。随着影院灯光的熄灭，短片《米老鼠炭画笔》、电影《自然界的进化》和《新闻摄影》相继放映。在观众的翘首期盼下，终于迎来了《中国的健美女性》：先是展示出一个木制的人体形，继而“一个女子洗浴，身上骨头看到清清楚楚”，接着一面是“洗浴女子穿衣”，一面是“几个中国女子在海滨游泳”，一面是“上海女学生团体操”，中间还加插了女子体育运动员杨秀琼的游泳镜头[1]。记者表示，感官之冲击令人羞涩不已，不仅引发周围观众“一个嘘嘘之声”，而且邻座两位英籍男子也发出嘲讽之问，“呵，这是中国的健美女性”？直至记者走出影院时，还感到“脸上像火样的烧死，心跳得厉害”[2]。

批评者认为，《中国的健美女性》内容东拼西凑，表现的主题其实并非女性的健美运动，而是通过展示一些半裸的女体，进行某种色情文化的暗示，不少场景不堪入目，无疑属于欺人牟利的行为。对此，《晶报》表示，尽管影院卖座广告上大书“十六岁以下的儿童概不招待”，但上海大戏院对不合年龄的入场者视而不见，只是利用“生理剖解公开研究”等美称，竟然将“女子胎产之秘密公开”，假借“性教育”

---

[1] 影迷：《大卖野人头》，《春色》1936年第2卷第13期，第20页。

[2] 《所谓中国健美女性》，《铁报》1936年6月9日，第3版。

之名，毒害观众[1]。

南京国民政府中央电影检查委员会（简称“中检会”）主任罗刚闻悉，亲自赴沪查禁，指出该影片不但违反了电影检查通过之执照，而且擅自改动了内容和细节，属于明显劣质的产品[2]。对于上海大戏院公映《中国的健美女性》的行径，“中检会”做出罚金300元的处罚决定，并责令影院停业三天，将影片扣留并送往南京审查。然而，上海大戏院并不情愿接受这一罚款[3]：一方面上演数日收入已达4000余元，未曾料想“飞来横祸突然而至”，因停映三日将另外损失600余元[4]；另一方面表示事先并不知情，称制片人张伟涛“事前曾取得审查通过执照，而片中有女子生育及洗澡之片段，乃为审查时所无”，赔款应由张伟涛个人承担[5]。与此同时，媒体爆料这是影片商人张伟涛导演的一幕好戏，认为“风潮愈大，暴露愈多”，其曾有专门搜罗色情影片的斑斑劣迹[6]。当然，也不乏一些为影片的辩解者。如《立报》记者称，该影片确实提前送至“电检会”审查，有几处被要求删除，但因为影院机师操作失误，未及处理而开映，才不巧酿成了禁映

[1] 《健美女性秘密败露》，《晶报》1936年6月13日，第3版。

[2] 心冰：《健美女性弄巧成拙》，《晶报》1936年6月17日，第3版。

[3] 《健美女性之余波》，《春色》1936年第2卷第14期，第20页。

[4] 《上海大戏院罚款停演》，《娱乐（上海1935）》1936年第2卷第24期，第478页。

[5] 风媒：《健美女性之余波》，《铁报》1936年6月22日，第4版。

[6] 《上海大戏院被罚》，《星华》1936年第1卷第5期，第26页。

风潮[1]。

左翼文学家茅盾先生直接揭露了以“健美”为题材的各类电影隐藏的资产阶级社会物化女性的企图。他敏锐地指出，健美文化流变的脉络，仍然是社会文化制度更替下性别权力关系宰制女性的产物，而健美运动则并不能真正帮助广大妇女完成女性主义的解放。在茅盾的论述中，“布尔乔亚”作为资产阶级的一个代名词：

> 现在，我们也常常听到“健美”的呼声，这意义就像某一位“学者”所说，封建社会的生活是静定的，所以男子对于女性美的要求是娇弱文雅贞静。资本主义社会的生活是动的，冒险的，所以布尔乔亚的男子要求壮健活泼的女性美……事实上所有一切促进肉感的颓废的影片也是“健美”的提倡者，我们在“健美”的幕后将看见仍是布尔乔亚所疯狂地追逐着肉感的刺激，荒淫，颓废。“健美”仍旧无补于女子的被侮辱的地位，真正意义的“健美”要在女子被解放，而且和男子共同担负创造新生活那责任的时候！[2]

除此以外，健美女性遭遇物化的羞耻感，反映出女性在

[1] 《上海大戏院因故停演三天》，《立报》1936年6月16日，第4版。

[2] 《健美》，茅盾：《茅盾创作集》，上海：永生书店，1936年，第304—305页。

两性权力结构中的劣势。男性利用资本、阶层、权力与地位方面的优势，通过健美规训的程序化操演，形成男权文化对于女性身体的压迫，从而服务于男性审美的需要。

据《中国摄影学会画报》报道，上海中西女塾举行过一场“空前惊人之健美比赛”。凡健美体质合格者“得健美奖章一方”。检验时，女学生必裸示全身，由该校体育主任李爱德详察，“若发育未臻完美者，则加以劝告……指示缺点”，美其名曰“提倡女子健美之导师”[1]。然而，这违背了中国传统社会“身体发肤，受之父母”的伦理训育，在女学生中间产生了强大的心理排斥，“凡学生被传而入医室者，莫不战战兢兢视为毕身第一辱事”，但碍于学校主任之权能，“虽力加反抗，终难成为事实”[2]。显然，这是性别权力的掌握者对于女性身体控制与物化下的冷漠欢腾。

至于电影女明星在银幕内外的身体塑造，也成为男性目光打量和品头论足的对象。据《影舞新闻》评论，以健美明星著称的黎莉莉，尤为引人注目，“我们瞧见她摄的出浴照片，那两只大腿，真肉感了不得，甚么人见了，也要垂涎三尺呢，几家电影公司，也都为了生意眼着想，专门开摄叫黎

[1] 秀美：《中西女塾之健美比赛（续）》，《中国摄影学会画报》1930年第6卷第269期，第7页。

[2] 秀美：《中西女塾之健美比赛》，《中国摄影学会画报》1930年第6卷第268期，第1页。

女士赤裸大腿的影片，看得人家心痒难搔”[1]。在这种色相文化渲染的背后，女性健美的身体竟然成了一种商品和工具，沦为消费主义赚取男性情感的卖点，这是男权世界物化女性的社会悲哀。

不可否认的是，健美女性为契合男权审美文化的诉求，存在着自我物化的一面。在健美实践的过程中，参与者过分关注自己的身体，过于重视修饰自己的外表，以健美的用药和体格指南规训女体的改造，耗费了不少心力和经济资源，一定程度上降低了她们参加社会活动的热情，限制了近代妇女运动以“合群”之力走向纵深发展。从这个角度看，无疑将导致女性在健美运动中主体身份的失坠，不断向“被动”的边缘位移，并且还会成为“另一种摩登”的形象。换言之，无论是“摩登女郎”还是“反摩登”话语，皆是在完成男性凝视下女性身体的多元建构。

据《实报半月刊》观察，即便是一些普通的健美女性，也并不刻意躲避男性的凝视，而是轻松自由地享受着“被观看”的视觉过程，体验着健美人生所拥有的无限乐趣：

> 夏天到了，在海边，在游泳池，小姐们和太太们穿上艳丽合身的游泳衣，在人前飘飘然地走过，这时候，如果你——小姐！有一个健美合适的身材，

[1] 《秘》，《影舞新闻》1936年第2卷第2期，第10页。

> 你就将成为女人们所羡慕的对象。而男子们看见你的时候，眼光自然会发出那极熟悉而异样的光辉。这健美的身材并不难，只要有决心，再加上常识，你就可以纠正你自己身体上的缺陷。[1]

可见，这些健美女性与“摩登女郎”无异，同样蓄意抓取着男性的目光，并顺从了女性主体的欲望，掌握了女性实现身体自主的时尚话语，保持健美带来的动人心弦的完美女体印象。不过，她们借用的不是“摩登”的现代性概念，而是“健美”的迷人魅力。与“摩登女郎”相似的是，健美女性也凭借身体的主动力来招揽男性的关注，“在男性通过摩登女郎投射自身欲望的过程中……既是注视的对象，同时也拥有注视，将那些把她客体化的人客体化”[2]，从而实现女性主义的“反凝视”。饶有趣味的是，尽管在阶层和城市身份认同的话语体系上处于博弈的两端，但在“反凝视”的身体行动问题上，健美女性却与“摩登女郎”之间达成了谅解和共识。

需要特别讨论的是，健美女性在女体改造实践中遭遇“被凝视”“被物化”的同时，并不意味着她们完全沦为“客体”的角色。女性的主体意识和能动意识，也在健美运动中得到

---

[1] 《夏之健美身材》，《实报半月刊》1937年第2卷第18期，第70—71页。

[2] 董玥：《谁惧怕摩登女郎？》，姜进等：《娱悦大众：民国上海女性文化解读》，第170—174页。

充分的伸展和发挥。为此，她们倾注了更多的精力关注自我的身体，为驾驭身体的自主而做出不懈努力，积极乐观地为女体革命与女权解放代言，成为一种身体行动的表达，展现出“浮出历史地表”以及革命性的女性身体能量。而这份女性主义的启蒙与赋权作为一个重要的维度，其身体价值与社会价值同样不容忽视。

对此，学者游鉴明在相关研究中援引过《生活周刊》读者戴梦琴和短跑高手李森的案例，用来分析女性个人从事健美改造的思想态度。前者原先病入膏肓，但后来读到《生活周刊》健美的报道后信心倍增，在丈夫的指导下每日练习，身体各部皆渐生筋肉；后者则幼时身体不佳，而喜好运动摆脱了体弱之困，感慨“一个人底身体健康，倘若自己肯努力锻炼，就不愁不会改进”。这两则故事表明女性“既是健美的接受者也是行动者”[1]。不过，游鉴明认为，尽管上述两个个案并不能完全代表所有健美女性在此过程中确立了主体性人格，但毕竟表明她们产生了“来自他者无法驾驭的决心与毅力”[2]。

1931年，《体育新声》杂志翻译引介了一位外国女士以健美改写人生命运的实例，为中国女性奔向健美的人生提供了一个可贵的脚注。据称，这位女性5岁至10岁的时候，人

[1] 游鉴明:《近代中国女子健美的论述（1920—1940年代）》，李贞德主编:《性别、身体与医疗》，第271—273页。

[2] 同上，第278页。

们嘲笑她是个“活骷髅”，母亲担心她往肺痨走，医生也看管她，“所吃的一切尽是滋养料，牛奶，牛油，鸡蛋等类”。至21岁那年，她竟然完全恢复了健康。根据她本人的说法，“身材高大而各部分都生长得很合适，我的肌肉，我的面部与及一切，都像一个健强而毫无一点病态的女子；每届夏天，我像黑人一般，遇到秋凉，也就恢复肉体美了”，而这“起死回生”的背后，却不是医生和药材的功劳，真正的“功臣”便是健美运动——“游泳，柔软体操，日浴，新鲜空气，就是消灭我‘活骷髅’的重要利器。”[1]

女学生参加健美体育运动，一定程度上抹除了女性娇躯柔弱的刻板印象，她们以一种全新的女性气质走向校园及社会的公共舞台，这为两性气质建构的多元化与开放化，创造了一种可能性。男性在运动场上速度与力量的优势固然不可或缺，但“阳刚之气”作为一种坚毅可贵的品格，同样也可以为女性所拥有。传统社会之于性别气质偏见的枷锁，不应限制女性个人的全面发展，而在健美问题上，女性具备了与男性实现平等发展的充足潜力。

1933年，《学校生活》杂志报道了一位中国女学生在运动赛场上与男同学一道纵横驰骋的风云际会。据悉，五四新文化运动实行男女同校后，逐渐打破了“男女大防”的界限，男女同学互相接触的机会也逐渐增加，运动场上也可看见男

[1] 《健美的要素——一个夫人的自述》，《体育新声》1931年第2期，第30页。

女同赛的身影。这位女生大约十六七岁，既不悠闲贞静，也非专爱时髦，“圆圆的脸儿，蓬蓬的头发，表面上看去，似男非男，似女非女的模样”，全身显露出一种康健的肤色，“不像那种白而嫩的普通女子”，总是“开起口来露着那门牙落脱的嘴儿微微笑着”。重要的是，她拥有一个健美的躯体，如男子一样魁梧，“像有大丈夫的气概”。

课外运动的时候，其他女生“都是穿了一件旗袍，或是短衫和黑裙，冬季，还要披着围巾或大衣，点了名，大半都跑了，或是在旁边站着，随意的散散步，谈谈天。即使她们有的在场运动着篮球、排球、网球等等，也只听到她们格格的笑声，随随便便不按规则的把球抛了几下，打了几次，就算了事”。而这位女生则与众不同，非但身着运动衣，还穿着露腿的短袴，对于各项运动样样在行。例如，打起篮球来，手腕非常的灵敏，投射得法，“所掷的球大多数是中篮的”，打球时“大将出马，如入无人之境”，球艺绝不输于男同学，令男生同胞无不为之惊异、敬佩，正可谓赛场上毫无“你男我女的观念”。又如，她还会“持竿跳高，竟能跳过六尺多高的成绩”，尽管女性体育教师以此项运动危险，“严厉的禁止她”，但她仍然照旧[1]。

另有《中国学生》杂志挖掘到哈尔滨女子孙桂云的体育佳绩。她具备良好的家教，童年生活得益于父母的体育熏陶，

[1] 轻烦：《一个健美的女性》，《学校生活》1933年第63期，第11—12页。

"常常领导他到这类好运动的环境里去，哈尔滨公园、体育场、参观运动比赛，常有他们的踪迹"，促使她从小养成了运动的嗜好。1928年，她结伴赴奉天参观东三省联合运动会时，还趁机以来宾资格参加了比赛，"竟得超越以前女子各项径赛纪录，因此就名播三省"，成了她担任健美健将的起点。此后，她参加哈埠第二届联合运动会，斩获女子50米、100米及跳远三项运动冠军；参加第十四届华北运动会，占据了女子部100米、50米跳远运动的首席；在中、日、德三国于辽宁举行的联合国际运动会上，她虽未胜于日本的人见娟枝女士，但仍创造了见证女子短跑赛的中国速度与中国奇迹；她还作为女运动员代表，参加在杭州举行的全国运动会。基于此，有人呼吁在哈尔滨为孙桂云建一座"桂云桥"，以为健美者激励之榜样[1]。

从上述两位女生的运动经历可以看出，她们取得的成绩表明，两性气质并非绝对的"生理决定论"，所谓女子体力柔弱而不及男子强悍，或视女子不适合激烈体育竞赛之区隔，相当程度上是"社会建构论"的价值评价。由此，她们为破除两性性别刻板印象做出了积极、勇敢、向上的身体实践。

论述到此，我们便不难理解何为"发现身体"的女性自觉。近代中国健美风潮的兴起，夹杂着民族主义与大众文化多重的历史变奏。

---

[1] 《健美的孙桂云》,《中国学生（上海1929）》1930年第2卷第4期，第32—33页。

女性从事健美运动，尽管无法避免物化风险与男性凝视，但毕竟意味着她们加速了女性意识自我觉醒的进程。她们逐渐学会了关注自己的身体，既可凭借“女国民”的社会身份契合国族主义的时代主潮，贡献于民族国家的复兴话语，实现女性身体价值与社会价值的合一，还可以根据自我欲望与主体诉求，驾驭女体的改造。与此同时，健美女性标签化人格的确认，还隐喻着与“摩登女郎”之间围绕阶级、资本、社会身份与现代化城市认同等议题展开的竞逐博弈，在时尚品质、商品化与资本经济盛行的都市生活中，不断进行着女性气质与民族主义、消费主义之间的协商，从而赋予“新女性”之于都市现代化转型的身份认同。重要的是，健美女性凭借健而美的力量，一定程度上构成了冲击传统社会男权文化的审美实践。

实际上，20世纪30年代一度风景绚烂的女性健美运动，既是一个女性本身赋权的过程，也是她们创造全新生活的过程，更是一个持续进展的身体改造的过程。这些健美女性，建构出阳光洒脱、勇敢开放的女性气质，引领了近代中国审美文化的新风尚，无不以健美的精彩人生与精神风貌，开创出女性解放运动的历史新纪元。

（本编与高翔宇合作撰写；合作者高翔宇，中国政法大学人文学院副教授，历史学博士）

# 下编·参考文献


## 一、文集

1. 茅盾:《茅盾创作集》，上海：永生书店，1936年

## 二、报刊

1.《生活（上海1925）》(1929)

2.《良友》(1930)

3.《智识》(1930)

4.《中国摄影学会画报》(1930)

5.《中国学生（上海1929）》(1930)

6.《体育新声》(1931)

7.《大公报（天津版）》(1931)

8.《艺友》(1931)

9.《电影月刊》(1931—1932)

10.《玲珑》(1931—1937)

11.《妇女生活（上海1932）》(1932)

12.《健而美影刊》(1932)

13.《开麦拉》(1932)

14.《女朋友》(1932)

15.《健美画刊》(1932—1933)

16.《上海报》(1932—1936)

17.《千秋（上海1933）》（1933）

18.《学校生活》（1933）

19.《华年》（1933）

20.《十日谈》（1933）

21.《文艺的医学》（1933）

22.《家庭周刊》（1933）

23.《电声日报》（1933）

24.《新春秋》（1933）

25.《时代日报》（1933—1934）

26.《时报》（1933—1936）

27.《斗报》（1934）

28.《健康生活》（1934）

29.《风月画报》（1934）

30.《妇人画报》（1934）

31.《上海商报（1932—1937）》（1934）

32.《康健杂志（上海1933）》（1934）

33.《新闻报》（1934—1936）

34.《北洋画报》（1935）

35.《民生医药》（1935）

36.《健美生活》（1936）

37.《娱乐（上海1935）》（1936）

38.《世界画报（北京）》（1936）

39.《方舟》（1936）

40.《立报》（1936）

41.《春色》（1936）

42.《晶报》（1936）

43.《影舞新闻》（1936）

44.《竞乐画报》(1936)

45.《星华》(1936)

46.《铁报》(1936—1937)

47.《社会日报》(1936—1938)

48.《实报半月刊》(1937)

49.《现代家庭》(1937)

50.《家庭星期》(1937)

51.《家庭良友》(1937)

52.《复中半年刊》(1937)

53.《健康家庭》(1937)

### 三、著作

1.[美]南希·弗莱迪著,杨宁宁译:《美貌的诱惑》,上海:文汇出版社,2004年

2.佟新:《社会性别研究导论》(第二版),北京:北京大学出版社,2011年

3.张平、任文惠:《另类的都市摩登——追溯上海舞厅舞蹈文化》,北京:人民音乐出版社,2011年

4.曾越:《社会·身体·性别——近代中国女性图像身体的解放与禁锢》,桂林:广西师范大学出版社,2014年

5.张勇:《摩登主义:上海文化与文学研究(1927—1937)》,北京:中国社会科学出版社,2015年

6.李从娜:《近代中国报刊与女性身体研究——以〈北洋画报〉为例》,北京:中国社会科学出版社,2015年

7.李欧梵:《上海摩登:一种新都市文化在中国(1930—1945)》,杭州:浙江大学出版社,2017年

8.沈奕斐:《透过性别看世界》,上海:上海人民出版社,2019年

9. 熊欢等:《凡身之造：中国女性健身叙事》，北京：社会科学文献出版社，2021年

10. [美]安东尼·吉登斯、菲利普·萨顿著，李康译:《社会学（第八版）》（下），北京：北京大学出版社，2021年

**四、论文**

1. 曹星原:《在摩登女性与女画家之间：民初上海现代性文化的重新定位》，姜进等:《娱悦大众：民国上海女性文化解读》，上海：上海辞书出版社，2010年

2. 董玥:《谁惧怕摩登女郎？》，姜进等:《娱悦大众：民国上海女性文化解读》，上海：上海辞书出版社，2010年

3. 游鉴明:《近代中国女子健美的论述（1920—1940年代）》，李贞德主编:《性别、身体与医疗》，北京：中华书局，2012年

4. 姚霏:《中国女性身体形塑研究——以“身体的近代化”为中心》，《甘肃社会科学》2012年第3期

5. 唐姆嘉:《20世纪30年代社会媒介的“摩登女性”想象》，《妇女研究论丛》2017年第5期

附录

# 读史札记的“女性文化地图”

## 第一节

# 女性与史学：概念之争与方法之辩[1]

2018年10月15日，来自华盛顿大学的伊沛霞教授（Patricia Ebrey），中国台湾成功大学的刘静贞教授，北京大学历史学系的邓小南教授、李志生教授，以及北京大学社会学系的佟新教授，在北京大学静园出席了主题为“我与女性史研究”的座谈会。笔者接受《中国妇女报·新女学周刊》的委托前往采风。与会学者不仅分享了她们进入女性史研究领域的经历，而且围绕“女性是‘研究对象’还是‘研究路径’”“‘女性史’与‘性别史’概念的辨析”“性别意识的产生”，以及“女性研究的两性书写”等问题展开了交流与讨论。

[1] 本文刊于《中国妇女报》2018年10月23日理论版。

## 走进女性史研究领域

论坛上，伊沛霞首先分享了她对性别研究认识的转变过程，及这种转变对其研究取向的影响。她谈到，在中学时期对于性别差异的认知主要来源于母辈的经历，即多数女性按照社会内设的性别规范行事，活动多局限于家庭场域；本科学习期间正逢美国女性主义运动如火如荼之际，这促使她开始思考为何女性常被排斥在诸多唯有男性可居的职位之外；进入研究生阶段后，所在学术机构仅有的一位女性学者，不仅被称为“女士”而非拥有与男性学者相同的“教授”称呼，而且发展空间受到了限制，这使她萌生了“女性须足够优秀”的信念。当时女性史的研究尚未得到欧美学者的重视，伊沛霞却对“家庭史”产生了浓厚的兴趣，且将此定为博士论文的选题。随后，经过赴中国台湾、香港地区的访学和调研，基于宋代家庭史史料较为丰富的考虑，伊沛霞正式走进了宋代女性与婚姻史的研究领域。

刘静贞阐述了在求学生涯中多次“为认识女性而研究男性”的经历。刘静贞指出，在硕士论文写作之际，虽选择了以女性人物作为研究对象，但仅是将之作为“人”去看待，尚未加入“性别”的视角；博士期间，本欲探讨与北宋太后相关的论题，却发现太后的生存境遇与皇帝的决策和制度之间存在密不可分的关系，遂转而先行研究后者；随之，在探讨与社会生活相关的论题时，也曾对史料所呈现的究竟是女性“现实的社会生活”，抑或士大夫眼中“理想的女性形象”这一问题，产生了困惑。

李志生介绍了北京大学搭建的性别研究平台，以及与会的诸位前辈对她进入女性史研究领域的影响。李志生表示，20世纪80年代末，北京大学成立了“中外妇女问题研究中心”。为利用这一得天独厚的平台，导师直接指定她将女性史作为博士论文的选题，李志生遂展开了其从社会史角度切入对唐代婚姻问题的研究。

## “女性史”与“性别史”之辨

在应将“女性”视为“研究对象”，抑或“研究路经”，即作为观察历史或现实问题的一个窗口这一问题上，刘静贞更强调后者。她认为，探求女性的生命历程，恰为研究历史人物在其所处的时空中，如何面对和解决生活及现实诸问题，提供了独特的视角，因其背后不仅牵连着庞大的社会关系网络与理念规范，同时也缀接着与之近距离的具体人际关系。至于何种个案能够成为具有价值的研究对象，李志生教授指出，中国古代日常生活史的研究多关注贵族阶层的女性，而对于庶族的女性群体则鲜有涉及，两者是否具有相同的研究价值？对此，刘静贞认为，关键在于如何看待贵族与庶族女性日常生活之间的差异。其中，出类拔萃者固然反映了社会思潮与思想观念，但普通女性在社会运行中的生存境遇也是不可忽视的对象，这源于她们不仅展示了平凡而真实的面貌，同时也是社会多元而复杂生态的呈现；至于个案之于整体研究的意义，取决于其所选择的个案在同一历史时空中具有多大程度的代表性。

李志生表示，社会生活史中的女性问题，究竟纯粹是女性专属的历史，还是应当有男性角色的参与？换言之，这关涉到采用“女性史”抑或“性别史”两种研究理念的命题。对此，邓小南强调，这两个概念所提供的视角，对于女性问题的研究具有同等的意义：若单纯考察女性一方，而不探究与之相关的男性问题，则难以深入剖析“女性的叙述”背后蕴藏的内涵；但若不注重区分性别差异，那么将与考察普遍性历史问题无异，这无疑将背离女性史研究的初衷，故而在关注两性之余还应更侧重于女性视角。刘静贞指出，与“女性史”相比，“性别史”更注重对两性概念的强调，其意义在于促使研究者思考“人与人的差别”以及如何处理“人与人之间的关系”。

## 性别意识的产生与性别书写

女性形象在古代图像等媒介中的展示，是否意味着性别意识的产生？围绕这一问题，邓小南指出，“女性形象”在图像上展示可追溯至先秦时期，但“性别意识”的觉醒是一个现代的概念，两者不应混淆。并且，女性图像的数量至宋代时期出现高涨的现象，并非意味着性别意识在此间的“发现”，而是伴随着文艺平民化的趋势，庶民阶层的日常生活愈加成为文人关注的对象。刘静贞教授进一步指出，人们认识到“男女有别”与产生“性别意识”是两个截然不同的概念，前者仅是意识到男女两性在生理上存在差异，而后者更是在现代民族国家建构的同时，女性主体性地位确立的表征。故而，何为“性别意识”的“发动者”是一个值得探讨的命题。至于如何研究女性图像的问题，伊沛霞认为，不仅要分析图像所展示的内容，更应当解读图像背后所隐喻的内涵。李志生持有相同的观点，主张除了观察图像中女性的呈现外，更要注意到作为“作者”的男性在绘画中对女性的规范，并将其置于时代变迁的视野中加以动态的考察。

刘静贞通过对王昭君、孟姜女等个案的研究，发现“历史的记录”与“书写者”的关系远大于同“真实的历史”的关系。既然“历史书写”作为一种社会活动，展示的仅是“真实的片面”，其中关系到书写者（古代由男性所主导）的角色及其价值判断/取向，因此应将之作为一个“文本”加以释读，进而探究这些“虚构”或“改写”的故事背后所隐藏的男性的“真实情绪”。

针对当前女性研究者时常面临着“由女性去研究女性问题，是否能够保持中立”的质疑，佟新强调，这背后反映的是“男女有别”的思维定式。佟新一方面借用费孝通的理论，分析了中外产生“男女有别”观念的差异，即与西方宗教从身体结构的角度论述男女关系不同的是，中国则是基于防范所谓的“男女之患”（情感）而强调“男女有别”，更偏重于“男男关系”/家族关系；另一方面认为上述质疑折射的其实是“知识的偏颇”，并非“性别的歧视”，故呼吁挤进学术圈的女性学者应当在审思历史这一基础上，发挥主体性，肩负起“发声”的责任，以期突破长期以来“突出者，乃男性也”的固有认知。

第二节

## 周静娟之死与民初上海性别秩序的松动与紧张

1913年8月，上海南州女校校长周静娟因与教员徐品花自由结婚，被父亲周钺逼死于江中。案件曝光后，引起了上海各界的聚焦，但对周氏父女的评价却是毁誉参半。此外，周静娟与周钺在新旧之间徘徊的形象也被文学作品所捕捉和书写。本节通过阅读1912—1916年间的《申报》《神州日报》《时事新报》《新闻报》《时报》《顺天时报》《神州女报》《民立报》等报纸，梳理历史与文学双重场域所呈现的“周钺溺女案”，探究民初上海性别秩序重构中的松动与紧张，以及女性在突破传统道德伦理方面与“五四”之间尚有一段距离。

## 父弑其女：周静娟溺水而亡

1913年初，上海南州女校一位被开除的教员为报私怨，四处散播周静娟与前任校长徐品花不正当交往的言论。周静娟为应对流言，不顾周家父母的反对，私自与徐品花在校园举行了新式婚礼。根据9月14日《申报》报道，父亲周钺闻讯后，立即率人来到南州女校，先是以婚礼不可在校园草草举办为由，劝说周静娟一同前往姑父家中正式商议婚礼事宜。在姑父家商洽后，周钺又以筹备嫁妆为名，诱骗周静娟随之返回周家。当船只驶至江中，周钺便转变此前和善的态度，怒称周静娟私订终身之举已使家门蒙羞，喝令周静娟就此投江自尽。方才识破父亲骗局的周静娟，孤身难以抵抗，唯有含泪投江。见此，船夫赶忙将竹篙投至江中，试图将周静娟挽救上船。不料周钺竟顺势夺过船夫手中的竹篙，向在水中挣扎的周静娟猛力敲打，待到江面血流水红才释手归去。次日，姑父听闻周静娟的尸体在黄浦江面浮起，慌忙请人协助打捞，并将之送至周家。不料，周钺竟坚决拒绝将周静娟的尸体葬于家族墓地，只是勉强以一口薄棺草草收殓，并将之弃于颛桥附近方家浜的古墓之旁。收到丧妻噩耗的徐品花立即将周钺告上了华亭县检察厅。最终，周钺被判处4年有期徒刑，并褫夺公权10年。

“江苏省议员”“南州女校校长”——如此亮眼的社会身份，使得社会各界对于这一案件的关注迅速升温。尤其是“溺亡”“女尸”“血案”等刺眼的词汇，更是吸引了民众猎奇的眼球。“周钺弑女”不仅登上了1913年12月31日《申报》“上海春秋”年度“趣人趣事”的排行榜，而且成为上海戏剧界新鲜的社会素材，如新民演剧社捷足先登，于10月在上海首次推出了戏剧《周静娟》后，观众纷纷来函，要求再次上演。

在舆论视野中，上海各界对周家父女的评价毁誉参半。一是对周静娟英年遭此厄运表示同情和遗憾。10月12日的《申报》有评论者读周静娟事，深感“可恨可叹……叹此巾帼良才，不得终其天年”。又如9月20日《神州日报》记者发文称，前往现场采访时见周静娟死于非命之惨状，悲不忍睹。在痛惜周静娟的同时，二是批判父亲周钺的残暴之举，既违背了人性，也与其省议员的身份截然不符，呼吁法律给予严厉的制裁。有论者于10月4日的《时报》发声质问道，“禽犊微物犹知爱子”，而拥有“文明身份”的周钺何以对亲生女儿加以残害？10月12日，《申报》上也有论者发文指责称，“堂堂省议员，尚且如此不文明，何况市乡愚民……唯求执法者守正不阿，庶几可慰一般不平人之意”。三是以此对反对自由婚姻的父母提出忠告。如9月6日王钝根在《申报》戏拟名为《讨爷军总司令通告问》的游戏文章，假借“讨爷军总司令”之口，呼吁各界为周静娟报仇雪恨，以此警示反对子女自由婚姻的父母，以免遭受斩杀之刑。

诚然，也有对周静娟自由结婚的行为不表苟同者。如有论者在10月4日的《时报》上批评称，周静娟实为“大逆不道”，假“自由”之美名将男女恋爱“举为天经地义”。据1914年6月21日的《申报》载，在周静娟案落幕后，甚至还有一张姓的父亲仍借用此事恫吓不遵父命的女儿，颇有效仿周钺之势。

## 多元形象：历史与文学场域中的周氏父女

若将周静娟生前的信件与周钺的供词进行比较，可以发现，面对司法审判的周钺，言语之间多有不实之处。若细究之，内中还展示了周静娟、周钺对于自由婚姻的复杂态度及其潜藏的伦理观念。

### 自由乎？名节乎？

从表面上看，周家父女矛盾的核心点乃是周静娟与徐品花的自由结婚。但若仔细梳理周静娟与徐品花何以结为连理的过程，即可发现，双方的结合并非自由恋爱使然。据1913年9月20日《神州日报》搜罗到的周静娟遗信披露，在结婚之前，周静娟在致姑父的信件中，阐明了决定与徐品花结婚的缘由，以及徐品花经历了从犹豫、挣扎到勉强同意的态度转变。周静娟表示，由于上述教员散播其与徐品花的流言，已对他们的工作和生活造成了困扰，甚至危及双方的清誉，故主动向徐品花提出了结婚以消流言的建议。徐品花初闻此事，先是以“校长与教员应避嫌疑”为由，再三推脱，后来在徐家父母的劝说下方勉强答应。尽管不能确认周静娟与徐品花此前是否有自由恋爱之实，但双方最终做出自由结婚的决定，更重要的是应对流言蜚语，保存名节之策。

面对司法的审问，周钺有意规避了其阻止船户挽救、将女儿痛打致死，与周静娟自由结婚这一因素之间的关联，反而将周静娟“打扮”成“被迫成婚”且“自愧家庭”的“贞女”。9月20日《神州日报》发布《周静娟投河之疑案》专题解读指出，周钺自称此前周静娟屡向父亲保证，“未经请求慈命，不敢造次擅便结婚”，突闻女儿结婚的消息后，随即派人到学校询问，不料徐品花竟将周静娟匿藏起来，直至周钺亲自到校接洽后，才将周静娟放出。在回家途中，周静娟面对父亲的质问，“哭泣不止，语不成声”，只言结婚是出于徐品花的威逼，“不能自主”，已深感“无面目回家见祖母、亲族诸人”，故“奔出船舱，投河自尽”。

实际上，周钺将周静娟形塑成“被迫成婚”和“甘愿自尽”的无辜形象，有着特别的深意：先逼迫周静娟投江，再嫁祸徐品花，最终达到维护周家门楣的目的。无论是周静娟、徐品花自由结婚的初衷，抑或周钺“弑女诬婿”的用意，皆是难以走出“重视名节”这一传统道德伦理的泥淖所致。

**一步三回头**

周静娟在婚姻和父母两者的选择中充满了徘徊与惶恐。从《神州日报》上述发布的独家资料看，周静娟在信件中称，“深知家父严酷”，自感“罪过难逃，故不敢回家”。随后，周静娟在忙碌婚礼的同时，又生怕父母发怒，故恳请姑父“极力劝慰”。当父亲提出重新举办婚礼时，已经完成新式婚礼的周静娟，竟又随同父亲归家准备重新出嫁。

在民国初年新旧交替之际，周静娟敢于冲破传统家庭的束缚，决定自己的婚姻大事，确实需要很大的勇气。然而，周静娟的内心颇为矛盾和纠结：此虽是为挽救名誉而采取的不得已之举，但违背了父命乃是不争的事实。周静娟力求通过姑父的调和，则是为达成婚姻和亲情两不相误的目的。可见，周静娟在迈出自由结婚这一步时，仍禁不住对传统孝道再三回首，这种复杂的心态也是逐步走进父亲骗局的重要原因。

周钺在“弑女诬婿”的精心安排上也凸显了在新旧之间的摇摆。周钺将周静娟脱离家庭轨道的张力，严格限制在“接受新式教育”和“外出谋生”的范围之内。囿于法律的规定和江苏省议员的身份，周钺未能阻止女儿自由结婚，故而以逼死女儿的方式，试图消解周家蒙受的羞辱。可见，周钺虽对传统女性的禁锢稍有突破，但对“父权为天”和“门楣至上”等传统道德伦理仍难以割舍。

## 文学形象中的变形

10月3日,《申报》“自由谈”栏目发表了文学作品《哀史·周静娟》,在“周钺弑女”案基本事实的基础上,对周氏的家庭环境、周静娟的求学和处事能力以及周父弑女计划的具体经过等方面进行了加工和重塑。

为剖析周静娟悲惨命运的根源,作者将周静娟放置到一个旧式的家庭之中。一是周钺对女儿外出求学的要求极为勉强。周静娟有志求学,而周钺屡次“顽固不之许”,经亲属的再三劝说方默认应允。二是周静娟在家庭中未有可依靠的对象。生母年衰懦弱,“不敢有所主张”。庶母“悍毒”,时常与周静娟“为仇”。三是周钺的横暴让周静娟颇感畏惧。周钺曾经以“嫌疑”之名杀死数婢。周静娟深知直接告知父亲其与徐品花的婚事,势必引起父亲的愤怒,故不得不转而请求姑父从中调和。作者对周家环境的叙述,表明周静娟走出家庭、追寻自由婚姻的艰难,也暗示了周静娟悲剧的必然性。

在作者笔下,周静娟是一个知书达理、进退有度的大家闺秀。其一,周静娟是接受了新旧教育的才女。其“生而静婉,举止端庄,好读书,过目成诵”,年纪稍长后,文采“斐然可观……初入上海务本女塾,继入竞化师范,毕业后又入中国女子体操学校……复至英租界胜家公司学习机械缝纫,数阅月而尽得其艺”,后在南州女校“担任国文、历史、体操、缝纫等科目”的教习。其二,周静娟对教育和国家尽心尽责。

在教务上，周静娟“悉心教授”，使南州女校“日有起色”，还“兼任近镇之三益、启陈两小学教务，奔走往返，终日仆仆，不以为劳”。对于南州女校，周静娟“尤为全身贯注，黎明必先起，庭户几筵躬亲洒扫……及夕料理账目，检点门户，诸事完妥，始就寝，终岁无倦容无矜色”。在对国家的牵挂上，周静娟曾欲“辞职赴沪参加女子北伐队”，在校长和学生的挽留下，又将积蓄的百元捐于北伐队，以表支持之心意。其三，周静娟谦虚随和，处事得当的美德颇受友人的称赞。周静娟“出自富家，而绝无闺阁骄懒习气……勤操作，耐劳苦”，故“乡里咸爱敬之”。在结婚当天，周静娟刚行完礼节，便“脱华服入厨下，指挥仆从，摒挡酒食，娱乐宾客”。对一少年的无礼戏谑，周静娟劝慰徐品花以礼待之。新婚之夜，周静娟将婚床让与七旬的证婚人寝睡，自己“依外房桌上，坐至天明”。作者在阐述悲剧之前，颇费笔墨地对周静娟高尚的品质进行书写，以期与周钺的凶残形成鲜明对比，更让读者为周静娟香魂消殒的命运扼腕叹息。

值得关注的是，作者着重刻画了周静娟随着父亲的阴谋逐渐逼近，心理的变化历程。起先，周静娟从信中误以为父亲对婚事已经首肯，便私自在学校举办婚礼事宜。婚礼之后，周静娟从外办事归来，见“所有衣饰及重要书札”皆被父亲搜去，心里大惊，“初不敢入见”，后在旁人的劝告下，“明知父心叵测”，但仍勉强入见，“趋前鞠躬为礼，不敢仰视”，低声应答。当父亲提出到姑父家商议婚礼时，周静娟或是“战悚不敢声”，或是唯唯诺诺。临行时，周静娟对徐品花“呜咽含泪而别”，且对同伴称，“任凭如何大骂，吾惟忍受而已，决不至于决裂”。作者在前文着力诠释周静娟在校务和婚礼上独当一面的魄力，又于后文描写其对父亲的威严惧怕至甚，使得周静娟作为“新女性，旧道德”的形象跃然纸上。

紧随其后，作者还替周静娟写下了两首古体诗词，聊表对父亲的怨恨和无奈，以及对丈夫的留恋和悲恸之情。到达姑父家后，周静娟察言观色，“知已中计……恐有不测之变……悲从中来”，望着家中派来的船只，恐难再与丈夫相见，一腔哀愁便悠然而生：

不见月当头，离人愁更愁。
西归空泛棹，东望怕登楼。
义重三生石，身轻一叶秋。
遥怜同命鸟，江上作孤鸥。

惆怅驹光去似驰，百年眷属只旬时。
却缘此日分飞早，转悔当初比翼迟。
好事翻成千古恨，冤情唯有两心知。
瓦金玉碎休相问，忍死须臾莫笑痴。

在该作品中，周静娟明知父亲的“邀归”不怀好意，仍然走进父亲“弑女”的罗网。在作者笔下，周静娟虽欲与丈夫比翼双飞，但宁愿可怜丈夫将做孤身之鸟，即便怨恨父亲棒打鸳鸯，但也只能把一片痴心寄托于诗词之中。在父命至上等礼教观念的束缚下，周静娟只能仿古代“殉情”的方式，同时收获对爱情的忠贞和对礼教的遵从。

在历史和文学场域，周静娟都是以“死亡”之举对父亲进行控诉，但在文学作品中，作者将周静娟逐步走向死亡的“无意”改成“无奈”的“再创造”，更突显处于民初新旧之间的周静娟，仍旧难以走出“发乎情，止乎礼”的时代困局。

对于故事中的男主角周钺，作者将其塑造成“惨无人道”的恶父。婚礼过后，周钺携数家人赴南州女校惩办周静娟。周钺在所雇之船上“架新式快枪五杆”，与家人“各怀洋炮，气势汹汹……伏于校外田岸”，等待周静娟“入网”。恰好周静娟外出未归，周家诸人“未遂其计，乃各以洋炮纳之皮夹，入校抄查女士卧室”。待周静娟归后，周钺“顿易其面目，假作和悦状”。在归家途中，周钺“忽嘱舟人返棹，泊长桥口”，指责周静娟所做之事将致周家颜面于何地，且逼迫周静娟在“洋炮”和“江水”两者中“自择死所”。趁周静娟哀鸣之际，周钺竟将女儿挟制到船头，推下水中。对待女儿的尸体，周钺原本催促徐品花前来领取，后以一口薄棺随意装殓，并弃于荒野的古墓之旁。作者有意将手无寸铁的女儿置于手持威力兵器的父亲手下，以达反衬之效。至此，一个为达自己目的、无所不用其极的凶残且虚伪的父亲形象在读者面前冉冉浮现。

若将“周钺溺女案”置于近代女性社会语境中加以考察，可一窥民初上海性别秩序重构中的复杂生态。

周静娟接受新式教育、自谋生计以及追求自由婚姻等诸多行为，在某种程度上是传统性别秩序松动的表征。民国初年，以地处西洋文化激荡的上海为代表，女性沐浴着时代的新风，在教育、职业、政治以及婚姻领域崭露头角。

关于兴办女学的问题，1915年7月4日《顺天时报》有倡导者借鉴斯巴达和日本的经验认为，女子教育为国家富强之根本。在此类言论的呼吁下，小学开始允许男女同校，部分中学、师范以及实业学校先后开设了女子教程。

在职业选择上，女性从晚清的医学、教育等行业逐渐向商业、银行和政府机关等领域扩散，甚至出现了一批以小说家为职业的女性群体。有论者在1912年9月28日的《申报》发文称，在各服务行业中，“女子之和蔼可亲”，可以弥补男子之不足。据1916年12月20日《时报》报道，北京中国银行鉴于女员工“心思细密”，且“俸给可低于男子”，最先聘用女司账，成为一时的美谈。

在女子参政方面，唐群英、张汉英等“英雌”要求将女子参政权明确列入《临时约法》的举动，引起各界的轰动。1912年9月27日，有赞赏者在《民立报》发表论说称，民国“并非男子一方面独构成立者”，女子也付出了代价，故对于

“国事之赞襄，公民之权利，女子犹不应放弃之”。

在婚姻方面，城市中的青年男女甚至寡妇，通过自由恋爱而结成姻缘的案例频见于报端。女性在自由离婚中“胜诉”也成为可能。其中，发生在上海的“关瑞麟弃妻案”则是一个典型的例子。据1913年《神州女报》披露，关瑞麟在留学期间私自与外国女子结婚，归国后对妻子提出离婚。在妻子陈绚云的控告下，关瑞麟以“重婚”的罪名，被判五等有期徒刑。在1912年12月2日的《时报》上，老年夫妻请求离婚等新闻也进入了公众的视野。可见，从清末到民初，“男主外，女主内”“女子无才便是德”等传统伦理观念开始发生动摇，推动着部分女性从家庭走向校园，从校园走向社会。

然而，在性别秩序呈现细微松动表征的背后则是持续的“紧张”。周静娟因自由结婚而死于父亲之手的案例，则是反映女性因迈出家庭而遭遇困境的一个侧面。社会上仍有不少人士对新式女子教育持批判态度。有评论者在1915年7月4日的《申报》发表批评文章称，近来女子风气之败坏，是因接触外界“不良之习尚”，且“家庭与学校又不能施以善良之教育”，将导致“新知识不生，旧道德日丧”。由此，时人多有发起回归“贤妻良母”论的呼吁。

关于女子就业问题，对女店员和女招待的非议也常耳闻。如1913年6月2日，有人在《时报》发文指责称，酒楼“偏用女招待员数人”，乃是世风日下的反映，女员工如“一般登徒之辈，如蚁附膻”。

关于女子参政问题，由于唐群英大闹《长沙日报》馆和沈佩贞大闹《神州日报》馆的风波，“英雌”逐渐广为诟病，并随同女子参政权运动逐渐销声匿迹。

在性别关系问题上，除了自由交往广受束缚之外，女性能在自由离婚中真正取胜者实属少数。如1913年9月21日的《新闻报》载，上海一对男女因同乘黄包车，被冠以“伤及风化”之名，遭到司法科的查办。又如1914年9月26日的《申报》追踪，上海一位女子控告丈夫对其虐待且有外遇等情，请求离婚，但并未获得批准。可见，女性在教育、职业、政治以及婚姻等诸多场域中的受限境况，仍是民初社会的显著特征。

若将视角转向文学领域，尝试把上述《申报》刊载的《哀史·周静娟》这一文本置于“鸳鸯蝴蝶派”的文学思潮中进行分析，则可发掘在“事件史”以外，其于民初小说史中的意义。

在作者笔下，周静娟是民初“新女性，旧道德”这一形象的典型代表。周静娟在爱情与家庭之间的徘徊，折射出其在新旧伦理之间抉择的艰难。该文所塑造的人物形象，与徐枕亚的《玉梨魂》有着异曲同工之妙。通过阅读《中国近代小说大系·玉梨魂》可知，徐枕亚以自身的感情经历为本，描述了一位小学教员与寡妇相恋的故事。寡妇既留恋与教员在花前月下的浪漫，又因没能为去世的丈夫“守节”而深感愧疚。这种困惑使得寡妇梨娘只能以死亡来埋葬这段不被世人认可的爱情，并维持其对丈夫的忠贞。在这两部小说中，无论是周静娟对“名声”的维护，以及在其父亲威严面前表现出的“踌躇”，或是寡妇梨娘对“烈女”身份的坚守，皆是对民国初年“情”无法逾越于“礼”这一伦理道德准则的不同诠释。

“提倡新政制，保守旧道德”是清末民初“鸳鸯蝴蝶派”作家的基本态度。在他们看来，“发乎情，止乎礼”是恰到好处的爱情观，而对一味追求自由婚姻的“自由女”则持保留态度。正如袁进在《鸳鸯蝴蝶派》一书中指出，“鸳鸯蝴蝶派”作家笔下的言情小说，尽管批判礼教对爱情的过度束缚，但追求的是在伦理框架内最为圣洁的爱情。周静娟对于爱情追求的“张力”冲破了父亲心中“礼教”的底线，自然沦为时代困局中的牺牲品。

直到“五四”前后，《贞操论》以及“易卜生号”在《新青年》相继推出，社会兴起了对贞操的存废、女性解放等问题的大讨论。易卜生的《娜拉的出走》进入中国人的视线后，鼓励女性走出家庭，倡导男女公开交往以及婚恋自由等的呼声不断拷问着中国传统的伦理观念。此外，男女破除旧式婚姻禁锢的尝试逐渐增多起来。大学男女同校逐渐被社会接受，女子参政运动也再次蓬勃兴起。

在文学创作方面，丁玲在《莎菲女士的日记》中用细腻的笔法详细描绘了一个春心萌动的少女对一位男青年的红唇强烈的幻想，与《哀史》中的周静娟选择“退却”相比，彰显了

"五四"青年在伦理观念上的大胆突破。因此，若将研究的视域放在民初到"五四"之间进行考察，也可窥见，无论是在历史还是文学场域，周静娟突破传统的限度于"五四"尚有一定的距离。

第三节

## “潮汕姿娘”的地域文化生态与历史审思[1]

“娶妻当娶潮汕女”的民间俗语经久流传。潮汕主要指广东潮州、揭阳、汕头三市，“姿娘”则是潮汕方言对女性的称呼，其因崇尚并保留中华传统女性“贤良淑德”的品质，得以与当地的工艺品、潮州菜并称“潮汕三宝”。

### 历史视角下的“潮汕姿娘”

“贤良淑德”的标签固然使得“潮汕姿娘”美誉四海，然而其自觉担任丈夫的贤内助、延续夫家的“香火”、继承传统工艺和节日礼俗等内涵，却在一定程度上制约了独立人格的

[1] 本文刊于《中国妇女报》2017年10月24日理论版。

培育和发展。探究这一文化生态背后的历史迷思，当追溯潮汕的移民历史、封闭的地理环境、近代畸形的女性启蒙教育以及新文化运动传播的局限性。

其一，秦汉时期，由北方迁入岭南的移民带来了正统的中原上古文化，并在潮汕得以生根发芽。秦始皇灭六国后，南征百越，在岭南设立了揭阳戍，并留戍南征士兵与迁入移民。至汉武帝时期，随着揭阳县的设立，独尊的儒家学说向潮汕传播，逐渐同化了本土越人，酝酿了潮汕文化的雏形。由此，地理上处于中华版图边缘的潮汕，却随同两股移民，移植了中原古老的文明，尤其是规范女性的传统礼教和道德伦理。而潮汕地理环境的封闭，亦维持了中原古老文化的纯正性。由于潮汕与北方少数民族文化交流甚少，加之物产自给自足，且长期远离中原战乱，在成为“世外桃源”的同时，也孕育了“潮汕姿娘”坚守贤良淑德的习俗。

其二，随着明清时期潮汕“下南洋”浪潮的掀起，及其与东亚儒家文化圈的交流，则产生了与粤省广府地区截然不同的文化特征。自元朝始，处于广府文化中心的广州便作为对外通商口岸，尤其是清朝广州十三行设立后，成为西洋文明与中华文明交融的桥头堡。至于向新加坡、马来西亚等地移民的潮汕男性，为确保家中妻女的顺从和忠诚，有意强化了“男女大防”“三从四德”的传统性别伦理，致使绝大多数留守的“潮汕姿娘”在望眼欲穿的孤独岁月里度过了漫长的一生。甚至直到北洋政府解除女子出洋令，并规定三年未得丈夫音讯者，可自行解除婚姻关系，这一现象依旧未能得到改变。如岭东浸信会国文教习吴雨三，面对下南洋的女婿多年杳无音讯，竟多次阻止女儿弃婚改嫁，并告诫其等待丈夫归来，最终导致其陷入“虽已成婚却形影相吊的活寡妇”的悲剧。若从政策科学的角度看，政令的实施需要一整套支持系统。只是，北洋政府的弱势统治难以真正统辖边远的潮汕地区，强大的宗族势力依旧在规范传统性别秩序方面扮演着主导角色。

其三，近代传教士、传统士绅和知识女性相继在潮汕地区兴办新学，尽管为“潮汕姿娘”接受教育提供了契机，但“新女性”的形塑却因“旧道德”观念长期的桎梏，未能养成现代女性精神。一方面，19世纪中期，传教士进入潮汕后，兴办教会女学，主要以教徒与贫苦家庭为招收对象，开启了“潮汕姿娘”接受近代教育的先河。然而，传教士办学目的并非为培养独立人格的“新女性”，而是着重训练丈夫和教会的贤内助，并且为减少阻力，传教士还将潮汕传统的“贤良淑德”这一道德文化作为启蒙教育的“庇护伞”，使得进入教会学校的“姿娘”未能萌发男女平权的现代意识。更为甚者，绝大多数仅基于温饱的考虑，故而即便具备经济自立能力后，仍被动或主动地认同“为家不为己”的责任，尚难摆脱对以男权为中心传统家庭的依附。另一方面，至20世纪初，在各地“废旧学兴新学”思潮的影响下，潮汕亦兴起了传统士绅与知识女性自办女校的热潮，然而，强调女德以及“男女大防”依旧是课程的核心内容，这同样使得传统的性别秩序难于打破。这种将“好学识，能持家，性格温顺，尊重男性权威”视为衡量优秀“姿娘”的标准，虽以启蒙现代女性为名义，实则陷入了“反启蒙”的思想怪圈。无独有偶，知识女性所办女校，则侧重刺绣等“女红”的训练，尤为注意的是，女校的教师和管理者几乎由“姿娘”担任，甚或不乏因师资性别限制及匮乏而被迫停办者。

其四,五四新文化运动倡导的“娜拉出走”在各地传播的不平衡，表现在潮汕地区则是未能充分提供妇女解放的思想源泉和动力。清末民国时期,“潮汕姿娘”除了在本土接受“新女性旧道德”的中小学教育以外，还存在着另一条路径，即从潮汕走向广州、上海等大都市，通过接受系统的现代高等教育，孕育出一批“左翼”女作家，如被“左联”誉为“中国新诞生的最出色最有希望的女作家之一”的冯铿、以继承秋瑾革命事业为己任的冯素秋、参与创办《女声》杂志的陈凤兮和陈曙光等。她们凭借书香门第或富商之家的优势，沐浴着新文化运动的春风，培育了独立自主的人格。然而，尽管大多数融入了民族解放浪潮，但鲜有将新文化的火种带归故土者。虽有部分“潮汕姿娘”在“白色恐怖”后返乡，如左翼女作家许心影等，却仅以教书及写作维持生计，崇尚旧体诗词创作，并逐渐偏离了“新文学”的主潮。此外，加之潮汕地区距离北京、上海等新文化运动的中心较远，特别是抗战期间的沦陷，使得萌芽的女性启蒙事业纷纷停办，甚至

1919年在北京大学掀起的“男女同校”的争论，到20世纪40年代在该地依旧是新鲜的话题。

其五，除了历史原因，潮汕地区社会性别角色分工则是影响家庭权力关系的根本性因素，这种长期稳固的“男主外女主内”的传统性别文化结构，使得“姿娘”始终难以获得与男性平等的权利。由于男性作为家庭经济的主要来源，故琐碎事务的料理完全由女性包揽：未出阁的“姿娘”聚集在“姿娘仔间”，与邻家同龄少女同居及“绣花”；出嫁后的“姿娘”奔波于日常繁杂的祭祖和拜神活动，以及家族内外的礼数交往。故而，社会性别分工模式直接导致了潮汕男性长期控制家庭的财产权和决策权，女性充当从属和依附者的角色则为必然。

### “潮汕姿娘”应进一步实现自我解放

新中国成立后，随着九年义务教育制度的推行，“潮汕姿娘”真正意义上获得了教育平等权。特别是改革开放后汕头成为经济特区，以高等教育为实现女性经济和人格独立之途者与日俱增，但多数仍属经济富裕及书香门第之家。只是，来自普通家庭的“潮汕姿娘”或主动或被动地仍将接受高等教育的机会让位于“男丁”，即便有幸成为中高级知识分子的女性，在潮汕传统文化的惯性作用下，一旦归乡，则依旧充当了“贤良淑德”的规制对象。这主要源于长期保存在潮汕地区的祠堂文化、庙会、传统节日、上古传说以及潮剧、歌谣等艺术，在现代社会则通过节日仪式和日常生活，不断地形塑并凝固“潮汕姿娘”传统的性别规范。例如，生男孩的家庭对于在祠堂“点灯笼”这一仪式的独占，端午节“赛龙舟”活动对“姿娘”的排挤等，难以彻底瓦解传统的生育观念、“男尊女卑”的性别伦理，以及“姿娘”在“续香火”中的责任。

对于“潮汕姿娘”进一步实现自我解放的出路，笔者认为在继承潮汕优秀文化遗产的前提下，应当汲取新型的、现代的、平等的家庭文明元素，从而在现代社会的演进与发展中实现超越。一方面，“潮汕姿娘”应以弘扬中华女性传统美德为基础，通过接受高等教育，提升女性自我价值与社会价值的合一，促进家庭和社会中性别分工角色的平等；另一方面，提倡“姿娘”走出潮汕，实现跨地域、跨文化语境的交流与通婚，完善人口结构，促使现代潮汕文化多样性发展，并将多元的性别文化内涵带入其间，从而建构并丰富“潮汕姿娘”的精神世界和生活图景。

第四节

## 北京叙事电影题材中的女性境遇与时代面向[1]

百年北京城发生的人和事，承载着京味文化的流变，记录着社会变革的印迹，寄托着这片故土几代人的情感追忆和忧伤感怀，成为北京叙事电影视角和意蕴阐释的焦点。《城南旧事》的胡同，《阳光灿烂的日子》的军区大院，《北京，你早》的公交车，不同影片的时空转场和镜头捕捉，可以窥见民国、20世纪70年代、改革开放初期北京风土人情的变迁，透视浓郁的京味里转型年代女性的生存境遇。笔者以三部电影为切入口，分析变动时代女性生命体验及成长顿挫，以及潜行的暗流与世俗价值的错位与离合。

[1] 本文刊于《中国妇女报》2021年12月14日理论版。

## 禁锢与挣脱中的女性主体性诉求

时代风云的流转与社会变革的浪潮中，在女性主体性意识的突围层面既有传统桎梏压抑的弥漫，也隐喻着挣脱的欲望。

《城南旧事》透过儿童的视角窥探了民国北平底层人民悲苦的生存图鉴。英子眼睛的捕捉、闲暇的窜走、天真的对话，促使传统社会黑暗与苦闷跃然银幕：被迫卖唱和惨遭毒打的弃女妞儿，未婚先孕且爱人爱女双丧思念成疯的秀贞，初次相认却惨遭火车碾死的母女，背井离乡谋生反遭丈夫欺瞒却徒有悲伤的宋妈，为供弟弟求学而盗窃入狱的小偷……对于这些习以为常的社会问题，胡同里的成人往往充当“无谓的旁观者”，而年幼的英子却表现出同情理解，甚至成为“主动的参与者”：“读懂”秀贞对亲人的思念并兑现寻回小桂子的承诺，“读懂”小偷生活的无奈而视之为友，“读懂”宋妈丧子之痛而投怀安慰等。影片看似超越儿童年龄认知的叙事，实现了对人性本真、赤诚、鲜活的回归。英子清澈的眼神涤荡过滤了世俗的污秽，齐耳的短发、工整的校服、白净的旗袍，对大海浪漫的想象，飞越时空的思绪飘扬，代表着“五四”进步女学生的符号，以及建构女性主体性身份的憧憬。

与《城南旧事》哀而不伤的节奏不同，《北京，你早》充满着焦躁苦闷、时不我待的气息。装扮的改变、职业的更替、爱情的流转，成为公交车女售票员艾红挣脱固有生存模式的三个投射点，展现出改革开放冲击下都市劳动女性求变求新的强烈欲望。装扮上，刚出场的艾红蓬头垢脸、衣着臃肿、抱着黑包、戴着袖套、手抓烧饼、手上沾满蜂窝煤炭，是典型的基层劳动者缩影，这一形象的改变发生在偶遇女友子云。投身合资企业的子云，烫着长发、身着紧身制服、脚踩高跟鞋、妆容精致，意气风发的新女性激发了艾红对时髦的渴望，鞭挞着她不断追赶：从蹩脚的妆容到精致得体的彩妆，从普通的中长裙到高档的连衣裙，从初入酒吧的忐忑到洒脱的旅行。工作上，告别传统固化的生存空间，离开公交车流水线似的行程路线、稳定却酬薄的售票岗位，跻身商品经济，成为艾红跨入未来人生关键的一步。恋爱上，艾红最终选择新潮浪漫的陈明克，固然有被现代化交际与物质消费方式吸引的一面，也源于她无法扭转邹永强故步自封的个性，而经过反复思想斗争而迈出的尝试。

如果说艾红尚存“踏着女友子云足迹”的意味，那么在《阳光灿烂的日子》里，女主角米兰更富有张力和勇气，凸显女性掌握身体欲望的主动力。镜头跟随男主角马小军的秘密窥视，细致捕捉了她壮硕的小腿、丰腴的身体、灵动的步姿。直至马路上回眸一笑，真实面貌的米兰呼之而出。性感的身体散发出成熟女性的魅力，充满激情力量的米兰对于年幼、瘦小、黝黑的马小军形成强烈的压势。她邀请陌生初识、性情腼腆的马小军帮忙冲洗，散披湿发躺在床上，毫不避讳男性凝视的目光。在军区大院和少年男性谈笑风生，生日宴会大胆开放吐露早恋的经历，泳池里与男性愉悦地共浴，无不流露出她娴熟的交际能力。值得注意的是，任职文工团的米兰称病告假，但影片却从未展示出她何病之有。不过交谈中，米兰隐约道出了现实工作的焦虑，以及通过从军实现女性价值的愿景。她选择军旅家庭出身的刘忆苦，背后隐藏了政治氛围浓厚的时代里，内心世界建构主体性人格的上进渴望。

### 潜行的暗流与世俗价值的错位

百年北京城市的历史图景中，旧式价值观念趋于破灭，新的价值体系、话语体系、信仰体系应运而生。诚然，在新的共同价值尚未成为社会主流认同的历史交汇点，同一时空下不同的生活群体在纷乱迷离的十字路口出现分流，或蹒跚前进，或因循守旧，或安于平淡。时代弄潮的追随者往往与世俗价值形成错位格局，彰显复杂张力的时代面向。

在《城南旧事》中，秀贞是唯恐避而不及的“疯子”，还是爱情的“忠贞者”和母爱的“坚守者”？这是民国北平胡同的成人世界同英子之间的认知错位。秀贞的“疯”，虽是痛失爱人爱女导致的精神错乱，但主要源自邻里的“集体性误解”：英子母亲叮嘱远离，闲聊的宋妈讥笑她未婚先孕的“不洁”行为，秀贞父母为维护名节而将婴儿偷弃齐化门等。与此相反，英子对秀贞表现出好感的一面，甚至对她口中唠叨的“爱人终究会归来”“爱女尚存在世”等“疯言疯语”深信不疑。可以见得，英子扮演了与这条胡同主流价值“不和谐”的音符，不禁令人喟叹秀贞“发疯”背后的制度根源。除此，秀贞母女惨遭火车碾压的悲剧，揭示出北平五四新文化“潜行暗流”尚属微弱的力量，以及女性追求自主恋爱解放的限界。

在《阳光灿烂的日子》中，米兰和于北蓓的形象与20世纪70年代的政治主旋律似乎显得格格不入。二者的角色切换与演绎，成为男性欲望和情感投射的对象。她们的热烈奔放，撬起了被压抑的青春躁动。米兰游走于军区大院的男性群体中间，凭借性感的身材、自如的谈吐赚取每一位来访者的目光。于北蓓泛滥的红唇亲吻、暧昧的男女关系与纵酒、游戏、打架等火热氛围杂糅一团，共同建构起一个自由洒脱、阳光灿烂的乌托邦，这与军区大院之外忙碌嘈杂的红色海洋世界形成“与世隔绝”的鲜明反差。与于北蓓突然消失的同时，马小军偷用望远镜的窥视，透过若隐若现的照片促使米兰神秘地浮出，但二人首次见面后又突然消失。疑问是，穿入丛林深处的米兰去了哪里，因何与于北蓓如同多年挚友同时出现于尾声的酒会……扑朔迷离的元素某种程度映射出迷茫彷徨的时代镜像。影片末尾，马小军陷入理不清的头绪，反复叩问与米兰交往的真实性：究竟何时与米兰首次相识，是否只是路上偶遇，有无去过米兰家中，是否看见她性感慵懒地躺在床上，有无大雨中向米兰勇敢表白，甚至怀疑米兰与于北蓓是否同一人？细节意识的混沌化，造成记忆与现实、时空与人物光怪陆离的错乱，潜在投射出特定年代对前途命运无所适从的漂泊感和失坠感。

在《北京，你早》中，艾红的情感流转是否意味着拜金主义、爱慕虚荣驱使下的见异思迁？早先爱慕的邹永强，吸引她的是正直、忠厚、质朴的品质。然而，为追求美好生活，艾红希望摆脱公车体制的约束，投身社会主义市场经济热浪，但邹永强恪守的仍是子承父业、知足常乐的传统伦理，二人分道扬镳的本质是价值观念和生存哲学的错位。换言之，在改革开放初期急速变革的北京城，艾红思想解放的速度与程度，走得要比邹永强更远更广，在恋爱奔波的跌跌撞撞中，她寻找的是奋斗路上的同盟者。欣慰的是，艾红与陈明克在影片结尾被世俗“温柔以待”，拖着沉重的货物以“乘客”身份自信地重登公交车，实现了“求变者”与“留驻者”的和解，这意味着北京叙事题材的电影建构出改革开放进路上的新话语与新风尚，正迎着朝阳驶向灿烂的未来。

第五节

## 从“发现女性”到“成为英雄”：跨国语境下迪士尼的《花木兰》

《木兰辞》中“木兰从军”的传奇故事经古今中外不断改编、讲述，在不同的历史时空下不断地孕育出多元的张力和内涵。继1998年推出动画片《木兰》之后，2020年，迪士尼打造了由刘亦菲主演的电影《花木兰》，再次将《木兰辞》这一传统“故”事进行“新”编，别出心裁地将西方个人英雄主义塑造的艺术手法，与中国古典文化中的“忠”“勇”“真”“孝”等元素相融合，展现出中西合璧的艺术特色。影片主要由两条主线贯穿而成，一是女性主体性意识的觉醒，二是性别的冲突、紧张与化解。此外，“彩色凤凰”意象的赋予以及木兰提前恢复女儿身的创造性改写，展现出木兰形象的塑造经历了从“拟男化”到“发现女性”再到“成就英雄”的转变历程。

## “元气”的释放：女性主体性意识的觉醒

木兰女性主体性意识的觉醒，伴随着“元气”由隐藏到释放的转变。在中国传统社会中，“元气”代表着阳刚、能量与勇猛，是男性、勇士之专属，拥有“元气”的女性无不被视为僭越性别秩序的离经叛道。幼年时，木兰初露的“元气”引起了父母的担忧和恐慌，由于舞刀弄剑、追赶家禽、飞檐走壁的行为违背了传统社会对于“男刚女柔”的性别规范，父母敦劝其应将不属于女子的“元气”隐藏起来，恪守女性“阴柔持家”的本分。少年时，朝廷的征兵令又重新唤起木兰内心的“元气”，使之萌生了代替年老体弱的父亲参军的愿望。抵达军营后，木兰试图通过“隐藏元气”的方式掩饰“男扮女装”的身份，但面对战友洪辉的挑战却未能克制，事后懊悔称自己沉不住气，“明明要隐藏元气，结果大家现在都看见了”。其中，董将军是鼓励花木兰发现“元气”的关键性人物，在与木兰的单独谈话中称，在木兰的身上看到了她父亲的锋芒，但不知是什么原因阻碍了她，叫她不应当隐藏身上满满的元气。并且，董将军在教导士兵时指出，“元气”来自自然，与生俱来。受到激励的木兰开始释放内心的“元气”，抬着水，平稳地奔上山巅，俯视群山，并在战友被杀、逃跑的情境下孤身追赶柔然部队。

如果说，董将军对于木兰的鼓励，激发出来的“元气”仍是“拟男化”的，那么，仙娘对于木兰真实身份的反复拷问所激发出来的“元气”则是属于女性自身的。遇见仙娘是木兰生命史上的重要转折，仙娘揭穿了木兰的谎言，称“谎言会损害你的元气”。初战失败的木兰也意识到“元气”之所以无法全然释放，是因其将之包裹在“拟男化”的躯壳之下，故而抛弃了“花军”这一虚假身份，卸下束胸的铠甲，以长发披肩的女儿身姿驰骋回归部队。重回战场后，基于女性性别认同的木兰，“元气”终于开始得到极致的发挥，她巧妙地伏兵敌后射箭，利用雪崩歼灭敌军，并骑着骏马在暴雪中孤身抢救战友洪辉等一系列镜头，无不显示出散发“元气”的木兰惊人的英勇与智慧。

值得审思的是，影片试图通过隐藏在木兰身上的“元气”从“被压抑”到“全然释放”的过程，来表达女性主体性意识从“朦胧”的状态逐步走向“觉醒”的转变，不免由于附带过多的“魔幻性”而削弱了故事本身的表现力。在传统故事中，木兰的英勇善战来源于自幼天赋异禀且勤学苦练，而影片却将木兰所拥有飞檐走壁的超人“元气”简单归于与生俱来，是汲取了天地之灵气，充满“神异”的色彩。并且，影片还刻画了同样具有“元气”的仙娘，无论是从装扮上，还是化为一只老鹰、一团黑烟，都无疑增加了“元气”的“灵异”性。

## 木兰与仙娘的角色对照：正邪对立背后的性别平等诉求

“寻找立足之地”是女性追求独立自主、性别平等的诉求。影片突破了《木兰辞》对于单一女性英雄故事的讲述，创造性地塑造了木兰和仙娘两个女性形象，展现了不同女性在实现主体性的过程中面临着相同的困境，以及不同的选择所导致的截然相反的结局。

就仙娘的愿望而言，她无时不企盼赢得世人的接纳与认可，也希冀能让作为女性的自己，成为一个正当而具备权力地位的人。但影片中仙娘刚一出场，柔然首领便嘲讽她像一只“丧家之犬”，称仙娘唯有依靠他才能获得想要的一切，这就从根本上否定了仙娘的尊严和能动性。与此同时，这样一种压抑性别的环境，促使仙娘的生存空间一再被极度地挤压，可汗反复告诫她恪守“永远是女仆”的本分，尽管也有无奈与不甘，但被抑制的愤怒，致使她逐渐习惯了这种固有的性别秩序的规制。实际上，仙娘同木兰有着相似的命运，拥有过人的作战能力，却因女性这一身份而遭受质疑、排挤甚至驱逐。在柔然12位首领的聚会中，可汗蔑称仙娘“不足为虑”，只是利用她洗刷此前战败的耻辱。从这番对话中可以看出，仙娘的战斗从一开始就处于被控制和被利用的境地，这也决定了她在柔然的性别秩序中位于一种弱势的地位。并且，仙娘对性别秩序的僭越与挣扎注定将以一场悲剧告终，大漠之中她独自面对木兰，称她一辈子流离失所，过上了“没有国，没有家，没有亲人”的流浪生涯，“你救了他们，他们反而抛弃你”，甚至误认为她与木兰一样，妄想劝说木兰与自己联手，“争取自己的立足之地”。然而，仙娘错误的根源在于将追求女性主体性意识寄托在与邪恶势力合作，并以损害国家与民族的利益为前提。这实际上早已暗示了仙娘最终丧命于刀剑之下的黯淡结局。

具有家国观念的木兰，则与仙娘形成了鲜明的对照。木兰从军的历史之所以能够成为英雄书写的历史，既决定于女性个人奋斗道路的选择，也意味着女性唯有将谋求自立与挽救国家危亡、复兴民族的任务相结合，才是获得主体性身份的正途，这也从侧面回应了女性解放与民族国家解放同构性关系的这一命题。诚然，木兰也曾因坦白“女扮男装”的真实身份，一度不仅无法获得战友的谅解，还经历了一场被驱逐出军营的遭遇。然而，面临个人利益与民族大义的选择时，木兰果断拒绝了仙娘发出的联手邀请，她毅然重返战场，自觉地将谋求自立与挽救国家的危亡结合起来，并在救驾的战斗中立下了赫赫战功，实现了尽忠、持勇、存真三者的统一。

诚然，仙娘与木兰人生结局的不同，也与男性同盟者对女性勇者的接受程度存在若干的关联。仙娘与柔然可汗之间仅是相互利用的关系，他们所追求的皆仅是个人私利而非民族利益，前者希望借助后者获得个人的权力地位，后者则试图利用前者为之除去进攻朝廷的障碍。也正是由于这种基于功利性的合作基础，导致双方潜在的矛盾逐渐激化，仙娘最终背叛了柔然首领，为木兰引路，这是双方走向瓦解的必然归宿。与之相反，木兰从一开始也经受过战友的挑衅，尤其是当恢复女儿身之初为军营驱逐，但当她重返军营，带来柔然施计攻打都城的情报时，将士们虽一度怀疑，但最终选择相信木兰，并破例授予她领兵作战的殊荣，这为她成就个人事功奠定了关键性的基础和保障。

巧妙的是，影片并没有完全将仙娘与木兰的对立视为“铁板一块”，相反赋予了她们沟通与对话的空间。这不仅表现在仙娘有意地唤醒木兰的性别认同，告诫她“谎言会损害你的元气”，又在木兰遭遇军营驱逐之际流露出同情之色，重要的是，影片着力刻画了木兰在劝诫仙娘回归“正途”中间扮演的关键性角色。实际上，木兰在建构女性主体性意识的同时，也激励着甚至原本处于对立关系的女性逐渐苏醒。在和仙娘的对话中，她强调说“我们也是有立足之地的”，呼唤仙娘回归正道，为时未晚，那句“我需要你的帮助”，在救驾之际为两者的合作提供了一种可能。当看到木兰可以作为“一个女人，一个领兵打仗的女人”时，仙娘在备受感染的同时，也最终被木兰的正义所唤醒，带她找到了皇帝的藏身之地，并为保护木兰而牺牲了自己的生命。临终之际，她的遗言“争取你的立足之地”，模糊了敌我对立的论述与界限，这也暗示了在战争环境下，正义与邪恶、忠与奸、黑与白之间也存在着某种灰色的地带。

## 性别的冲突、紧张与化解

木兰践行女性主体性的过程，也伴随着同家族、战友、皇权、国家之间的紧张与冲突，最终在“忠”“勇”“真”“孝”四德的统合之下得以逐一化解。

一是木兰与家庭的关系。就家庭伦理与传统的孝文化而言，木兰扰乱相亲会、不辞而别的做法，看似违背了服从父母、尊敬长辈的规范，但她为国尽忠，立下赫赫战功后，却辞官回乡，这又巧妙地解决了木兰与宗族之间一度紧张的关系，且实现了传统社会父母要求子女光宗耀祖的希冀。在木兰的父母看来，他们恪守传统伦理道德，将“嫁得好人家”视为女子光宗耀祖的正途，敦劝木兰遵守规矩、安静温顺，大费周折地为木兰梳妆打扮，博得媒人的喜爱。在相亲会的训话间隙，木兰私自移动了居于中心位置的茶壶，惹来媒人的不满，这源于居家主内是女子本分。捕捉蜘蛛而将茶壶摔得粉碎的这一细节，更被他者贬为“离经叛道”之举，花家也为此颜面尽丧，被指责“没能教养出一个好女儿”。除此，征兵的对象是男性群体的专属，父亲告诫她称，男儿的本分是征战沙场，女儿的本分自然是持家，这就再次暗示并强化了传统性别秩序对于“男外 / 女内”亘古不变的规训，以至于尽管木兰想以代父从军为尽孝之道，但不仅未能获得父母的理解，相反被认为是“做了一件天大的错事”，即对于性别秩序与两性伦理的僭越。从影片开篇看，作为女儿的木兰与家族、乡邻之间围绕性别制度似乎产生了缝隙。

然而，辞官回家成为木兰缓解与父母之间矛盾的转折点。立下战功的木兰拒绝了皇帝的封官行赏，恳请皇帝允准她回家中尽孝。她表示明知父母蒙羞却离开家乡，但她信守忠、勇、真缺一不可，这成为她归乡的重要理由。面对久违的父母，木兰坦白承认私自盗取了父亲的铠甲、马匹，甚至弄丢了传家宝剑时，父亲那句"女儿才是最重要的"，也消解了木兰在军旅生活中对家庭的愧疚与不安。与此同时，当董将军宣布"木兰救了国家和人民，我们都应该感谢她"的消息后，乡亲们对于木兰的态度也发生了重大的变化，抛弃了对于幼年木兰的偏见，转而敬仰惊叹已然成为英雄的木兰。从这个角度看，木兰既完成了对于国家的尽忠与持勇，也弘扬了传统的孝文化，并实现了家国观念的有机统一。

二是木兰与战友之间，涉及的其实是男女两性的权力关系。首先是初入军营之际，映入木兰眼帘的几乎都是男性粗野与赤裸的身体，这就意味着"男扮女装"并不能解决隐瞒军旅队伍中性别身体的尴尬。她采取了牛皮束胸、学男人说话、夜里站岗、忍受汗臭等一系列违背生理本真的方式，加以规避与逃离。她夜里暗自浸泡河中洗澡，却遭遇了战友的尾随。她疲惫不堪，但又唯恐战友翻身拥抱，只能选择蜷缩在床沿角落。影片有意展示了两个镜头的切换和对比，一方面是她挑水、登山、射箭、击剑等男性阳刚之气的锤炼与生长，另一方面是她愈加激进的束胸并极力抑制女性生理的暴露，这也从侧面揭示出“拟男化”军营生活之于女性的残酷。她开始与男性战友试着讨论究竟什么是理想中的女性配偶。木兰表示喜欢“胆子大，说话风趣，聪明，与长相无关”的女子，又被战友嘲笑形同青睐男性。

遇见仙娘是木兰性别认同与性别身份的转折。正如木兰所言：“花军已经死了，但木兰还活着。”放弃了“拟男化”的身体，恢复了女性的性别本色，她骑着黑色骏马，驰骋于战场如入无人之境。她不仅救助战友，杀敌无数，而且巧妙地借助雪崩使得部队化险为夷。然而，当她从风雪中缓缓走来，坦诚地表明真实的性别身份：“我是花木兰”，却仍然因女性这一特定的身份，遭遇被驱逐军营的惩戒。这其实再次凸显了性别秩序与性别权力关系的冲突与紧张。

然而，影片的意图并不止步于揭示男女两性社会中的性别矛盾，相反侧重表现两者之间如何由分歧走向合作，并阐述了性别问题怎样最终化解于民族大义。其所添加的木兰重返军营并带来柔然进攻都城的军机这一情节，得以成为木兰与战友关系的转折点。多数战友表示，“既然相信花军，那也应该相信花木兰”。诚然，这一共识达成的基础，实际上源于木兰在战场中表现出的智勇双全，以及冒着风险在风雪中抢救战友的义气。随后，木兰受命领兵前往都城救驾，在董将军命令战士为木兰开道、战友在巷战中牵制敌军等诸多激烈的场景中，展现了木兰与战友之间的存真、持勇、尽忠，以及在双方和解之后化为共同体所迸发出来的巨大能量。在皇宫已经成为空城的情势下，一面是木兰孤身与柔然可汗的激烈战斗，一面是战友们为牵制敌军展开的巷战，两个战场形成了相互配合之势。当木兰战胜柔然可汗之时，也恰是战友们克敌全歼之际。由此可见，木兰女性英雄主义的诞生，依赖的不仅是个人超人的战斗力，更重要的是得益于女性英雄与男性同盟者的合作共进。

三是木兰与皇帝，涉及女性与皇权制度的关系。木兰代父从军的做法挑战皇权对从军资格的性别限制以及军营纪律的规定。皇帝在征兵令中明确强调，“每家出一名男丁”，除此，“与妇人往来”在军营的律例中则是死罪，凡隐瞒者也将逐出军营，这来源于传统社会性别制度的规范，就此意义而言，皇权统治秩序下的木兰从军是缺乏合法性依据的。然而，木兰孤身救驾以及女性尽忠的行为，促使皇帝的态度发生了根本的翻转，尤其是对待性别问题的立场。在打斗过程中，木兰的宝剑被柔然可汗击落后，皇帝命令她“站起来，像勇士一样站起来”。胜利之后，皇帝询问木兰姓名的做法，更显耐人寻味，这其实意味着皇帝已经不再将木兰视为一个没有具体称谓的女性代词，而是承认了她作为一个拥有独立姓名的勇士。在封赏典礼上，皇帝将木兰的功勋进一步提升至拯救了整个王朝和全国人民的高度。这反映出在国家危亡的特定环境下，性别的畛域显得无足轻重，性别与国族的矛盾也在一定程度上得到缓解并统合到国家主义的旗帜之下。诚然，皇帝对木兰的肯定与赞赏，更多的是源自木兰表现了忠、勇、真三德的英雄主义，而非基于现代意义的男女平权观念。换言之，影片更侧重强调的是个性主义的英雄而非女性的英雄主义，即女性可以像男性一样成为英雄人物，但凸显的不是女性而是个性，强调的是个体生命的能动性和主体性。

## “凤凰”的隐喻：从“发现女性”到“成为英雄”

影片中的“彩色凤凰”既是贯穿木兰成长史的一个重要意象，也隐喻着木兰从“发现女性”到“成为英雄”这一转变历程。凤凰是木兰家乡的吉祥物，镶嵌着凤凰的玉佩多年陪伴着木兰的父亲征战沙场。幼年的木兰曾在追赶家禽时踩碎了祠堂门前凤凰石雕的翅膀，被视为叛逆不羁之举。在挽救国家危亡的感召下，木兰以勇士的身份踏上“代父从军”的征途。期间，“彩色凤凰”先后三次出现，象征着木兰成长史上的三次转折点。

“彩色凤凰”的第一次出现，扮演着指路人的角色，为迷途中的木兰指引了前进的方向。当时，木兰骑马孤身从家出发，一度迷失在山谷之中，满脸污垢。清晨，一只彩色的凤凰突然出现在木兰身后的山谷上空，随后向远方腾飞而去。受到启发的木兰骑马重新出发，寻着凤凰飞去的方向飞奔而去，最终抵达了军营。

“彩色凤凰”的第二次出现，是在木兰放弃“女扮男装”，以女性的真实身份回归战场的途中，意味深长地表现出木兰实现了性别的自我认同。褪去了隐藏性别身份的铠甲，恢复了女儿身，身着红装的木兰英姿飒爽地骑着马奔向战场支援，一只彩色的凤凰从身后出现追赶而来，象征着木兰将以“凤凰”的性别本真与男性们共同投身战斗。

“彩色凤凰”最后一次出现则是在影片的结尾。木兰辞官返回家中，董将军紧随而来，赠送了皇帝钦赐的宝剑，传达了皇帝任命木兰为护卫军大统领的邀请。这时，只见彩色的凤凰再度现身于空中，飞向耀眼的太阳，恰似成为在战火中挽救了国家与民族的木兰的化身。尽管木兰在影片中没有对皇帝的邀请做出明确的回答，但影片结尾的旁白更显得别具意蕴，似乎预示着践行孝道之后的木兰即将走向新的人生征途：“幼苗长成的大树，士兵成长为将军，将军成就了传奇。”这一结局的设置，实际上是对传统木兰文本的重大改写，即“脱我战时袍，著我旧时裳。当窗理云鬓，对镜贴花黄”不再是木兰的归宿，取而代之的是浴火而生的英雄木兰，与男性精英共同承担起保家卫国的使命。

“彩色凤凰”这一意象贯穿始终，凸显了木兰的性别身份，这与影片着意提前“恢复”了木兰女性身份的设计具有内在的一致性。木兰恢复女儿身的情景不再是发生在辞官返家之后，取而代之的是在击退柔然的战场上，这既是对于传统木兰文本的创造性改写，同时无疑是对西方英雄主义塑造的艺术手法的继承。更重要的是，“女儿身”还原的提前，又是影片对传统文本做出了另一处重大的调整。换言之，传统故事中的木兰女性英雄故事实际上仍包裹在男权主义的性别秩序以内，侧重于代父从军过程中对于性别身体的刻意隐瞒，与之比较，迪士尼的花木兰则显现出女性对于性别秩序的僭越，超越了“拟男化”的身体论述，赋予女性个性主义以更大的张力，促使花木兰的形象更为丰富饱满：在尽忠报国的英雄内涵以外，还蕴藏着女性如何从“发现自我”到“践行主体性”的成长脉络，实现了从“讴歌英雄主义”到“塑造女性英雄”的突破与升华。

这一故事情节的改编，一定程度上使得传统故事中木兰男扮女装十二载未被发现这一富有传奇色彩的故事回归现实主义。木兰从军不再是一个“有惊无险”的冒险神话，而是尝试从女性的视角出发，直面家庭伦理、性别冲突、国家制度对于女性成长与发展带来的挑战，为女性在争取男女平权、社会参与的过程中尝试“实践花木兰式的勇敢突破”提供了一种可能性和借鉴意义。

后记

# 历史是一场穿越时空的旅行

闹钟尚在沉睡，皎白的晨光透过淡蓝色的卧帘，略带着丝丝的凉意，迅速卷走了我的梦神，这种感觉在北京的隆冬里尤为少见。拉开窗帘方才惊觉，2022年北京的第一场雪已悄然盛装来临，将昌平装点成雪白的宫殿。

今年是我在北京度过的第二个新年，细数而来已在北京生活了9个春秋。虽说漫天飞舞的浪漫已是每年冬日的固定节目，不算新鲜，但对于来自南国之滨的我而言，依旧百看不厌。翻阅着即将付梓的书稿，品一杯清茶，倚靠着书桌，静听窗外簌簌声响，恰是怀旧好时节。

而今，天地已褪去银装，初春的脚步渐进。

遥记2012年初次来到北京“探亲”，那是在一个奇妙的冬季。我只身乘坐火车硬座从潇湘一路向北，历经21个小时，第一次领略到北方冬天的辽阔、粗犷与苍凉。这与粤东老家常年绿树成荫、水田河道遍布的景象迥然不同。干燥的风悄悄地渗透进车厢，与轧轧响的车轨声、浓郁的北方交谈声夹杂在一起，我忐忑之余又略带着好奇。从北京西站下车后，坐着长条的公交汽车缓缓地穿过传说中的西城、东城、海淀。我看着沿街的落叶早已散落，枯骨般地随风飘曳，半信半疑：首都北京似乎没有我想象中的那么繁华？我能适应这寒风刺骨里的城市吗？这里，真的是我们梦想起航的新天地吗？

如愿考上研究生那一年，北京春日的暖阳映照出我内心的秘密，尤为绚烂。然而，刚从文学专业跨考历史学专业的我，对于如何开启新的专业学习，怎样进入研究领域不免迷茫。从那时起，除了课堂的学习以外，浸泡在中央民族大学图书馆、国家图书馆、北京大学图书馆成为我课余的常态，从中关村南大街至颐和园路的公交车打卡器里，记录着我早出晚归的印迹。最初接触史料时，面对着民国期刊阅览室层层叠叠的报纸原刊、密密麻麻的小号竖版繁体字，以及泛着略为呛鼻的灰尘，我竟无所适从。在史料堆里浸泡三四个小时后仍旧混混沌沌，一无所获，也是常有的事，甚至一度产生了怀疑自己是否有悟性做学问的想法。后来，我逐渐掌握了查询阅读史料、详略记录笔记、拍摄剪辑有效信息的方法，慢慢地进入了状态。从民国初年的《申报》《大公报》、抗战前后的《中央日报》等等，报纸杂志引领着我走进了近代中国那片变局激荡、风光无限的领地。本书所涉内容，从民初政治史到中国近代儿童问题，乃至对妇女解放与身体革命等诸多问题的发掘、兴趣和阐发，皆是来自此间阅读民国报纸杂志带来的灵感和启发。

尽管民初政治史是我最初切入理解近代中国的角度，但随后我关注的重点却转向了妇女儿童史，尤其对于儿童与近代中国社会政治文化的研究兴趣更是“一发不可收拾”。其实，这与我业余酷爱儿童文学阅读有些渊源。凡逛一处书店，“儿童馆”一定是我必须光顾的空间。中外经典的儿童绘本总能撬动我的思绪，“童年唤醒”的灵魂搭载着蒲公英种子的飞船穿越时空的界限。除此以外，我陆续在夜里睡前口述创作了一系列“华南大森林的故事”。出于“发现童心”的旨趣，我跃跃欲试地涉足近代中国儿童史这一片尚待开荒的处女地。虽然近年来已陆续看见若干儿童史的文章、著作刊载和出版，可喜可贺，但在2015年前后，关注儿童问题的主要集中在教育学、文学、社会学等学科，在历史学界毕竟还是“小众”。我乐此不疲地遨游在这一新鲜的研究领域，但不免在与同行的交流中陷入尴尬的境地。或有老师和同学好奇地发出“儿童难道也有历史”诸类疑问，或有质疑儿童自身留下的史料甚少，是否容易陷入“没有儿童的儿童史”的困境？在很长一段时间内，我会因为难以找到交流探讨的“同道之人”而略显失落。诚然，也有师友给予鼓励之辞，认为我关注的问题很有意思、很新颖，但又流露出善意的担忧：儿童史在国内学界尚属冷僻，初入学术圈的年轻人在公开发表论文和未来申请课题方面或将面临较大的挑战，不如选择一些热点的论题。这种一片赤心“空对月”的落寞感一度使我产生了放弃的念头。

一场改编自曹文轩教授同名童话小说《根鸟》的话剧在北京大学百年纪念讲堂的上映给予了迷茫中的我强大的力量。主人公“根鸟”在追寻梦想的征途中频遇荆棘，尽管一度有过迷茫、犹豫、徘徊、怀疑，但历经内心挣扎后重新驾起那匹雪白得透亮的骏马，一路向西奔驰而去，最终成功抵达了曾经在梦里出现的“大峡谷”，那个百合花盛开、白色雄鹰翱翔的天堂。“根鸟”的形象之所以对我产生极大的震撼，不仅在于他对看似荒谬、不可抵达的梦想的不懈坚守，更在于他主体性意识的苏醒。

需要说明的是，我从来都觉得自己是个女性/性别研究的“门外汉”，但关注女性的生命历程与生命故事，又总是与我的学术成长形影相随。或许，这与作为女性的我，来自性别意识的自觉有着天然的纽带。我出生于至今仍然保留着传统性别文化观念残余的潮汕地区，从那里走出的知识女性多少带有一点儿“娜拉出走”的味道。正因为如此，我对妇女发展问题的研究承载了深切的使命感。多年以来，我始终认为拥有自立之学、培育独立人格是女性实现主体性身份的基本条件，这也成为我在科研道路上孜孜不倦的追求。这便是我想借助本书表达的一种“历史的温度”。

在走出求学校园“象牙塔”的前夕，2020年新冠疫情的突如其来也使得临近毕业的我焦虑不安，但所幸没有因此而错失我与华北电力大学珍贵的缘分。青春奋斗的新天地从这里起航。踏入职场之初，如何完成从学生到教师的角色转型、怎样处理教学和科研之间的平衡，交杂于心。时隔近两年，至今穿梭在校园里，遇到食堂的师傅、医院的大夫、门外的保安、各部门的老师甚至教室的学生，还是偶有被误认作“学生”的尴尬。记得2021年那个散发着橄榄青涩味道的春季学期，我登上了人生第一个教学讲台。奇妙的是，在求学阶段登台演讲虽已是经常之事，但在正式开启第一节课程时，我还是紧张得语速加快，甚至时常略微感觉到耳膜里传来的轰轰响声，那是内心的小鹿蹦跳的声音。我开始深刻认识到大学的讲台担负着“为党育人、为国育才”的神圣使命。后来，学校进行了拆除传统三尺讲台的新改造，而身高矮小的我站在演示屏面前，竟比坐在前排的男生略显低矮，一度令我压力倍增。经过反复地磨炼，我渐渐地发现，对于课堂的掌控力并非来自“居于高处”，而是缜密的思维逻辑、充分的课前准备和扎实的教学基本功所支撑起来的内心深处的自信和力量。

工作以来，教学与科研的冲突也是困惑我的问题。作为青年教师，为了尽快适应繁忙的备课任务、紧凑的教学安排，我投入大量的时间和精力。曾几何时，在节奏相对和缓、任务相对单一的求学时光里，我拥有充足的时间从事学术研究，而进入职场后，繁忙的教学工作将科研时间打散成“一个又一个碎片”。一年多下来，竟发现搁置已久的论文尚未修改，起笔撰写的书稿推进缓慢，焦灼不安。不知从什么时候开始，站在镜子前的我，习惯性卖力地拔除一根又一根初生起来的银发……经过情绪的调整，我逐渐找到了节奏感和平衡点，教学科研工作也步入正轨，充实感取代了焦虑感，忙碌多彩也提升了幸福指数。

一路走来，特别感恩给予我关心、支持、扶植的师友和亲人。

感谢我的硕博导师、中央民族大学历史文化学院彭武麟教授6年来的精心栽培，他是从事中国民族史研究的知名学者，但在发现我对边疆民族史实在难提兴趣后，虽深表无限遗憾，却包容我的“任性”，义无反顾地支持我在妇女儿童史领域的研究志趣；感谢北京大学历史学系郭卫东教授在百忙之中为我倾情作序，他曾在疫情期间亲临现场参加我的博士学位论文答辩；感谢《中国社会科学》杂志社退休编审孟宪范老师，她清晰的逻辑思路、敏锐的问题意识，为我打开了跨学科的视野；感谢北京大学历史学系尚小明教授对我初入中国近代史研究领域时的巧思点拨，他严谨的学风是我向往学习的楷模；感谢北京大学中文系夏晓虹教授、历史学系王奇生教授、北京师范大学历史学院李帆教授参加我的论文开题报告会，他们的指导意见令我茅塞顿开；感谢中央民族大学历史文化学院徐永志教授、张晨怡教授，他们开设的相关课程激发了我的兴趣，为我打开了通往近代中国社会文化史的研究路径。

感谢华北电力大学马克思主义学院的领导在我出版本书过程中给予的大力支持，马克思主义学院各位老师对我的指点和照顾，让我收获家庭般的温暖，促使我能够静心、潜心地投入教学科研工作，确保本书的顺利完成。还要感谢我的公公婆婆以及远在2000里之外的父母默默关心和帮助，是他们给予的物质和精神支持，使我没有后顾之忧，能够在纷扰的社会中永葆“象牙塔”的纯粹和赤诚。

感谢北京微言文化传媒有限公司周青丰先生的精心策划，以及编辑李志卿女士、项玮女士的细心编校。他们在与我沟通书稿写作、文字配图、细节修改、版面设计、封面装帧等方面颇费心力。

最后，我要特别感谢高翔宇先生。从潇湘之畔到首都北京，我们携手走过了13个春夏秋冬，并肩共进。在岳麓山上的枫叶浸染、桃子湖边的湖光印影、魏公村街熙攘的路口、紫竹院内的林荫小道、燕园的未名湖畔和博雅塔下，留下了彼此相知相识的青春记忆。我们时常在路途中灵感突发，欣喜万分地用手机快速记录思路，无论是在校园内外、火车旅途还是马路边上；我们也会因争论学术问题，面红耳赤至深夜未眠。在忙碌的赶稿闲隙，我们沉迷于“打卡”北京实体书店的奇妙之旅，并借此细心地观察北京的地理空间与人文环境。我们时常顾不上天冷、雪厚、地滑，乘坐汽车从北京的东北方缓慢地穿梭至东南方，飘掠过昌平北郊的地阔空灵，体验过海淀中心的拥挤仓促，吸吮过东西城的老北京烟火，拥抱过朝阳的摩登绚烂。如此长途辗转奔波，只为与遍布各区域的实体书店不期而遇：从昌平的微言小集、雨枫书馆，到朝阳的上海三联书店、单向空间、中信书店、西西弗书店，东城的韬奋书店、王府井书店，海淀的钟书阁、万圣书园、豆瓣书店……虽疲惫而不亦乐乎。

时光流转，我已实现了从“京外来客”转变成定居于此的“新京人”，躯壳、精神与血液也在无意间融入了这片土地。我已习惯了北京寒冬的狂风、干燥的空气、转瞬即逝的春秋、偶尔来访的雾霾、拥挤的早晚高峰，也慢慢发现了北京地理文化空间的独特魅力。本书的写作断断续续，跨越了8年之久，虽非我的博士学位论文，但却真切地记录着我来京求学工作以来研究志趣的若干侧面。限于学力、才力的稚嫩，书中尚存在诸多青涩、欠缺之处，诚请师友批评、包涵，待日后以勤补拙，渐次完善。

夜里窗外的北风似乎越来越大，但又夹杂着淡淡的春草芳香。院子里的树枝稀稀疏疏地抽出细小的嫩芽，悄悄诉说着春天将至的秘密。岁月静好，心怀感恩，踏实地，向未来！

2022年3月4日，于昌平雨枫书馆

**图书在版编目（CIP）数据**

摩登与弄潮：近代中国的文化与社会 / 蔡洁著．—北京：北京出版社，2022．12
ISBN 978-7-200-17617-9

Ⅰ．①摩… Ⅱ．①蔡… Ⅲ．①社会变迁—中国—近代 Ⅳ．①K250．7

中国版本图书馆CIP数据核字（2022）第232782号

出版策划：周青丰
责任编辑：白　雪
特约编辑：李志卿　项　玮
装帧设计：微言视觉｜沈君凤
责任印制：燕雨萌

摩登与弄潮
近代中国的文化与社会
MODENG YU NONGCHAO
蔡　洁　著

出　版　北京出版集团
　　　　北京出版社
地　址　北京北三环中路6号
邮　编　100120
网　址　www.bph.com.cn
总发行　北京出版集团
印　刷　唐山楠萍印务有限公司
开　本　889毫米×1194毫米　1/32
印　张　10.25
字　数　200千字
版　次　2022年12月第1版
印　次　2022年12月第1次印刷
书　号　ISBN 978-7-200-17617-9
定　价　69.00元

如有印装质量问题，由本社负责调换
质量监督电话 010-58572393